शेयर मार्केट में चंदू ने कैसे कमाया, चिंकी ने कैसे गँवाया

मेरी बात

लेखक एन.आई.एस.एम. प्रमाणित अनुसंधान विश्लेषक और सेबी (SEBI) में अनुसंधान विश्लेषक के तौर पर पंजीकृत हैं। इनकी टिप्पणियाँ अपनी राय की अभिव्यक्ति मात्र हैं और इन्हें कभी व किसी भी तरह के शेयरों, विकल्पों, फ्यूचर, बॉण्ड, कमोडिटी, इंडेक्स की लिवाली-बिकवाली की संस्तुति या किसी भी अन्य तरह के वित्तीय साधन के अर्थों में नहीं लिया जाना चाहिए। अपने कथन की वास्तविकता पर विश्वास होने पर वे हमेशा अपने विश्वसनीय स्रोत की विश्वसनीयता पर अवलंबित रहते हैं।

सभी कंपनियों के नाम (अरविंद लि., कंट्री क्लब हॉस्पिटैलिटी एंड हॉलीडेज लि., विजया बैंक आदि) से संबंधित धारकों के ट्रेडमार्क™ या रजिस्टर्ड® ट्रेडमार्क हैं। इनका उपयोग करना उनसे किसी तरह के संबद्धीकरण या प्रचार को विवक्षित नहीं करता।

★

चंदू और चिंकी मेरे शेयर ट्रेडिंग के एकमात्र फॉर्मूले को व्यावहारिक रूप से समझानेवाले काल्पनिक पात्र हैं। यह कहानी सिखाती है कि किस तरह सन् 2005 में इन दोनों ने एक ही शेयर (अरविंद मिल्स) में 1-1 लाख रुपए निवेश किए और इसमें चिंकी ने 2,36,790 रुपए गँवाए, लेकिन चंदू ने 2,42,007 रुपए कमाए। ऐसा कैसे संभव हुआ?

यह पुस्तक शेयर बाजार में निवेश करने की आपकी पूरी रणनीति बदल देगी।

शेयर मार्केट में चंदू ने कैसे कमाया, चिंकी ने कैसे गँवाया

महेश चंद्र कौशिक

प्रकाशक
प्रभात प्रकाशन प्रा. लि.
4/19 आसफ अली रोड, नई दिल्ली-110002
फोन : 011-23289777 • हेल्पलाइन नं. : 7827007777
इ-मेल : prabhatbooks@gmail.com ❖ वेब ठिकाना : www.prabhatbooks.com

संस्करण
2025

पेपरबैक मूल्य
तीन सौ रुपए

मुद्रक
नरुला प्रिंटर्स, दिल्ली

—————— ★ ——————

SHARE MARKET MEIN CHANDU NE KAISE KAMAYA, CHINKI NE KAISE GANWAYA?
by Shri Mahesh Chandra Kaushik

Published by **PRABHAT PRAKASHAN PVT. LTD.**
4/19 Asaf Ali Road, New Delhi-110002

ISBN 978-93-5266-835-9

₹ 300.00 (PB)

प्रस्तावना

सम्मानित पाठको, अधिकांश छोटे निवेशक किसी आदर्श ट्रेडिंग प्रणाली या 'शेयर बाजार के रामबाण' की तलाश में रहते हैं।

इस पुस्तक में मैंने अपनी वह गुप्त ट्रेडिंग प्रणाली बताई है, जो मेरे लिए रामबाण के समान है। यह प्रणाली मुझे हर बार स्पष्टत: बता देती है कि अधिकतम लाभ प्राप्त करने के लिए मुझे कब शेयर खरीदने और कब बेचने हैं।

यह शेयर बाजार में निवेश से संबंधित मेरी दूसरी पुस्तक है। अपनी पहली पुस्तक 'शेयर मार्केट में जीत के सिद्धांत' में मैंने शेयर बाजार में निवेश से संबंधित अपने मूल सिद्धांत बताए हैं। इस पुस्तक को मैं गल्प शैली में लिख रहा हूँ और मेरे खयाल से, यह पुस्तक दुनिया का पहला शेयर बाजार गल्प होगी।

यदि आप शेयर बाजार से जुड़े मेरे ब्लॉग www.maheshkaushik.com से पहले से परिचित हैं तो मुझे लगता है कि आप मेरे काल्पनिक किरदारों—चंदू और चिंकी से भी परिचित होंगे।

दरअसल, मैं आपको ट्रेडिंग व दीर्घकालिक निवेश का अपना गुप्त शेयरजीनियस फॉर्मूला बताना चाहता हूँ।

इस पुस्तक को पढ़ने के बाद आप इन प्रश्नों के उत्तर दे सकेंगे कि—

एक शेयर में ट्रेडिंग कैसे करें?

या

अपने रुचिकर शेयर को कैसे संगृहीत करें ?

मैंने यह फॉर्मूला दस साल की कड़ी मेहनत और अनुसंधान से विकसित किया है।

यह पुस्तक गल्प शैली में लिखी गई है, जिसमें मैं यह बताऊँगा कि किस तरह एक ही शेयर में निवेश करनेवाले मेरे काल्पनिक चरित्रों में से चंदू ने कमाया, लेकिन चिंकी ने गँवाया। इस पुस्तक को पढ़ने के बाद—

आप यह सीख सकेंगे कि पोजिशनल ट्रेड में बड़ा मुनाफा कैसे बनाएँ और किस तरह शेयर के कारोबार से पैसे बनाए जा सकते हैं।

आप अपने आप समझने लगेंगे कि आपको शेयर कब खरीदना है और कब बेचना है।

जी हाँ, मैंने ऐसा फॉर्मूला तैयार किया है, जिससे हमें अपने आप पता चल जाएगा कि हमें कब शेयर खरीदने हैं और कब बेचने हैं। शेयर संबंधी डाटा पर लगभग दस वर्षों की कड़ी मेहनत के बाद मैंने यह फॉर्मूला ईजाद किया है।

आप यह भी सीख सकेंगे कि किस तरह पैसे गँवाने के जोखिम के बिना आप अपनी पसंद के शेयरों को बड़ी मात्रा में संचित रख सकते हैं।

आप शेयर के अधिक-से-अधिक चढ़ने के साथ ही पैसे कमा सकते हैं और किसी भी शेयर में बड़ी गिरावट से पहले ही न्यूनतम हानि के साथ बाहर निकल सकते हैं।

आप यह सीख सकते हैं कि किस तरह अपने पोर्टफोलियो को हमेशा फायदे में रखें।

अपना फॉर्मूला सिखाने के लिए मैंने अरविंद लिमिटेड का उदाहरण दिया है, लेकिन आप इस फॉर्मूले को किसी भी शेयर पर उपयोग कर सकते हैं।

इस पुस्तक में मेरा वह फॉर्मूला है, जिससे आप अपने मनपसंद शेयरों को संचित कर सकते हैं और मैंने इस फॉर्मूले को चंदू एवं चिंकी की कहानी द्वारा दिलचस्प तरीके से बयान किया है।

मुझे पूरी उम्मीद है कि यह पुस्तक आपकी सोच में बदलाव लाएगी और निश्चित ही आप इस पुस्तक में दिए गए फॉर्मूलों के माध्यम से धन कमा सकेंगे।

सादर,

—महेश चंद्र कौशिक
सहायक राजस्व लेखा अधिकारी
कलेक्टर कार्यालय, जिला सिरोही
राजस्थान (भारत)
इ-मेल : mahesh2073@yahoo.com

आभार

मेरे सभी ब्लॉग अनुसरणकर्ताओं, यू-ट्यूब चैनल अनुसरणकर्ताओं, शेयरजीनियस ऐप के अनुसरणकर्ताओं और मेरी पिछली पुस्तक को पढ़नेवाले सुधी पाठकों का, जिनकी मेरे सिद्धांत में अनंत आस्था एवं प्रेम दरशानेवाली टिप्पणियों से मुझे यह पुस्तक लिखने की ऊर्जा मिली।

श्री श्री 1008 सत्यनारायणजी फलाहारी बाबा को, जो मेरे गुरु (आध्यात्मिक शिक्षक) हैं।

सेवानिवृत्त प्राध्यापक आदरणीय श्री मनीराम सेठिया को, जिन्होंने मुझे बाल्यकाल में दिशा प्रदान की और मेरे नैतिक सिद्धांतों का निर्माण किया तथा मुझे कार्य के पूजा होने की सीख दी।

अनुक्रम

चिंकी के सपने में अरविंद मिल्स की मल्टीबैगर कथा

शुक्रवार 16 सितंबर, 2005 की रात को चिंकी को सपना आया कि अरविंद मिल्स के शेयर का भाव 415 रुपए छूने वाला है और यह शीर्ष स्तर छूने के साथ ही अरविंद मिल्स का डीमर्जर होगा और दो अलग कंपनियाँ बन जाएँगी, जिनमें एक का नाम 'अरविंद लिमिटेड' और दूसरी का 'अरविंद इन्फ्रास्ट्रक्चर लि.' होगा।

चिंकी ने उस सपने में यह भी देखा कि अरविंद मिल्स के डीमर्जर के बाद अरविंद इन्फ्रास्ट्रक्चर लि. का शेयर 95 रुपए को छू लेगा।

अपने सपने में उसने स्पष्ट रूप से देखा कि अरविंद लि. और अरविंद इन्फ्रास्ट्रक्चर के बीच का स्वैप अनुपात 10:1 का होगा। इस स्वैप अनुपात का अर्थ है कि अरविंद लि. के हर दस शेयरों पर उसे अरविंद इन्फ्रास्ट्रक्चर का 1 शेयर मिलेगा। आखिरकार उसका सपना समाप्त हुआ और वह अच्छी उम्मीद के साथ नींद से जागी।

17 सितंबर, 2005 शनिवार को जागने के बाद वह अपने सपने को लेकर काफी उत्साहित थी, क्योंकि 16 सितंबर, 2005 (शुक्रवार) को अरविंद मिल्स के शेयर का भाव 141 रुपए था। अगर वह 1,00,000 रुपए का निवेश कर अरविंद लि. के 700 शेयर खरीद ले और सबकुछ उसके सपने की तरह ही घटे तो वह इन 700 शेयरों को

415 रुपए प्रति शेयर पर बेच देगी, जिससे उसे प्रति शेयर 274 रुपए का बढ़िया मुनाफा होगा।

इसका मतलब होगा कि उसे लाभ के रूप में 1,91,800 रुपए की कमाई होगी और अगर सपने की तरह उसे अरविंद इन्फ्रास्ट्रक्चर लि. के 70 अतिरिक्त शेयर मिल गए (अपने सपने में उसने 10:1 का स्वैप अनुपात देखा था, यानी अगर वह अरविंद मिल्स के 700 शेयर खरीद लेती है तो भविष्य में उसे अरविंद इन्फ्रा के 70 शेयर भी मिल जाएँगे) तो उसे 70 × 95 (सपने में देखी गई अरविंद इन्फ्रा की कीमत) = 6,650 मिल जाएँगे, यानी उसका कुल लाभ 1,91,800 जमा 6,650 बराबर 1,98,450 हो जाएगा। उसे लगा कि 1,00,000 रुपए निवेश करके 1,98,450 रुपए कमाना बुरा विचार नहीं है।

कहानी का सैद्धांतिक पक्ष—छोटे निवेशकों को ऐसे सपने तब भी आते हैं, जब कोई ब्रोकिंग हाउस या विश्लेषक किसी शेयर की लक्षित भाव की सिफारिश करता है। उस शेयर से जुड़ी विशिष्ट सलाह में आस्था रखते हुए छोटे निवेशक अच्छा मुनाफा कमाने के लिए एक शेयर में 1-2 लाख रुपए निवेश करने के लिए मानसिक रूप से तैयार हो जाते हैं।

इस पुस्तक में मैं आपको वह फॉर्मूला बताऊँगा, जिससे आप अपनी रुचि के या किसी भी अच्छे शेयर में 1-2 लाख रुपए का निवेश कर बिना नुकसान से डरे अधिकतम रिटर्न हासिल कर सकते हैं।

इस पुस्तक को पढ़ना जारी रखिए, क्योंकि इस पुस्तक को पढ़ने के बाद जब आप मेरे पदचिह्नों पर चलेंगे तो आपको शेयर बाजार से बड़ा रिटर्न हासिल करने से कोई नहीं रोक सकता।

चिंकी को अपने सपने पर इतना भरोसा क्यों था—सोते समय हम सभी सपने देखते हैं। हम सपने देखते हैं, क्योंकि नींद के दौरान सपने देखना इनसान की फितरत है। आमतौर पर हम अपने सपनों पर ध्यान नहीं देते, तो फिर चिंकी अपने सपने को लेकर इतनी उत्साहित क्यों थी?

दरअसल, चिंकी पिछले कुछ दिनों से 'त्राटक ध्यान' (त्राटक गेंजिग मेडिटेशन) कर रही थी। यह ध्यान करने के बाद उसे लगता था कि उसके अधिकांश सपने आगामी जीवन की घटनाओं के संकेत देते हैं।

(पाठकों को मेरी राय है कि वे गूगल पर 'त्राटक गेंजिग मेडिटेशन फॉर फ्यूचर इंडीकेशन' खोजें, क्योंकि इसके बारे में अधिक विवरण देना इस पुस्तक के विषय से बाहर की बात होगी।)

इस सपने के बाद उसे लगा कि उसका अवचेतन मन इस शेयर के आगामी भाव की सूचना दे रहा है। इससे उसे लाभ होने की पूरी उम्मीद है।

ऐसा पहले भी दो-तीन बार हो चुका था, जब उसने शेयरों का आगामी भाव सपनों में देखा और बाजार में वह शेयर उस भाव पर पहुँच भी गया। इसलिए इस बार उसे अपने सपने पर पूरा यकीन था।

किसी विशेषज्ञ से दो-तीन बार सही सलाह मिल जाने पर निवेशक में उसके प्रति अंधविश्वास विकसित हो जाता है और चौथी बार में वह उसकी सलाह पर चलकर बड़ी धनराशि निवेशित कर देता है। अगर दुर्भाग्यवश तीन बार सही सलाह के बाद चौथी सलाह उतनी खरी नहीं उतरती तो निवेशक का सारा पैसा एक ही शेयर में फँस जाता है। कभी-कभी अपने फॉलोवर्स को भी ऐसे हालात का सामना करना पड़ जाता है। मैंने यह पुस्तक यही सिखाने के लिए लिखी है कि किस तरह आप बड़ी मात्रा में धनराशि को उस एक शेयर में निवेश कर सकते हैं, जिस पर आप भविष्य में मल्टीबैगर शेयर होने का भरोसा करते हों।

आखिरकार चिंकी ने 19 सितंबर, 2005 (सोमवार) को बाजार खुलने पर अरविंद मिल्स में 1 लाख रुपए निवेश करने का फैसला कर लिया।

❑

चंदू और चिंकी से मेरी मुलाकात

18 सितंबर, 2015 को चिंकी अपने सबसे अच्छे दोस्त चंदू से मिली। "हैलो चिंकी, तुम्हारा चेहरा इतना चमक क्यों रहा है?" चंदू ने पूछा।

"चंदू, आज मैं बहुत खुश हूँ, क्योंकि मुझे शेयर बाजार से लगभग 2 लाख रुपए कमाने का तरीका मिल गया है।" चिंकी ने जवाब दिया।

"अच्छा, सचमुच?" चंदू ने कहा।

"हाँ, मुझे सपने में शेयर संबंधी टिप मिली है।" चिंकी ने जवाब दिया।

चंदू करीब एक मिनट तक हँसता रहा और बोला, "चिंकी, तुम भी कितनी भोली हो! मुझे लगता है कि सपने तो सपने होते हैं। भूल जाओ और इस आइसक्रीम का आनंद लो, जो मैंने तुम्हारे लिए मँगवाई है।"

"नहीं चंदू, मैं इसे भूल नहीं सकती। त्राटक ध्यान करने की वजह से मेरे पिछले तीन सपने सच हुए हैं। उदाहरण के लिए, अभी दो महीने पहले मैंने एक सपना देखा था, जिसका तुमने मजाक उड़ाया था। और हैरत की बात है कि अभी हाल ही में मेरा वह सपना सच हो गया। इससे मेरी आस्था और भी बढ़ गई है। इसलिए सोमवार को मैं अपनी 1 लाख रुपए की सारी जमा-पूँजी अरविंद मिल्स में निवेश करनेवाली हूँ।" चिंकी ने घोषणा की।

"ठीक है डियर, लेकिन मुझे लगता है कि हमें महेश कौशिकजी से मिलना चाहिए। मैं उनका शेयरजीनियस ब्लॉग पढ़ा करता हूँ। मुझे लगता है

कि अपनी सारी पूँजी निवेशित करने से पहले उनसे सलाह लेने से तुम्हारा पैसा सुरक्षित हो सकेगा।'' चंदू ने कहा।

''मुझे उनकी सलाह लेने में कोई रुचि नहीं है, क्योंकि मैं जानती हूँ कि वे अपनी सारी पूँजी एक ही शेयर में निवेश करने की सलाह कभी नहीं देंगे। लेकिन यह जानना अवश्य दिलचस्प रहेगा कि अरविंद मिल्स में मेरे 1 लाख रुपए निवेश करने के लिए वे क्या फॉर्मूला बताते हैं। मैं उनसे सलाह लेने के लिए तैयार हूँ।'' चिंकी ने जवाब दिया।

चंदू ने मुझसे मिलने का समय माँगा। सौभाग्य से उस दिन रविवार था। सरकारी नौकरी में होने के कारण उस दिन मेरी छुट्टी थी। इसलिए मैंने चंदू और चिंकी को उसी समय मिलने के लिए बुला लिया।

वे मेरे घर आए और मुझे चिंकी के सपने के बारे में बताने के साथ ही उसके अरविंद मिल्स में अपनी सारी पूँजी निवेशित करने की इच्छा के बारे में भी बताया।

मैंने अरविंद लि. की वर्ष 2004-05 की कुल बिक्री की पड़ताल की, जो 1,678.86 करोड़ रुपए थी और इक्विटी शेयरों की कुल संख्या 23,00,00,000 थी। अत: वर्ष 2004-05 में उनकी प्रति शेयर कुल बिक्री 72.99 थी और वह शेयर पहले से ही 141 पर चल रहा था। अरविंद मिल्स की वर्ष 2004-05 की प्रति शेयर कुल बिक्री में कमी के कारण मैंने उन्हें फिलहाल उसे न खरीदने की सलाह दी। लेकिन अगर अरविंद मिल्स का शेयर 72 रुपए से नीचे आता है तो उसे खरीदना उचित रहेगा।

(यदि आप मुझे पहली बार पढ़ रहे हैं और मेरी प्रति शेयर कुल बिक्री की प्रणाली से परिचित नहीं हैं तो मेरी सलाह है कि आप मेरी पिछली पुस्तक 'शेयर मार्केट में जीत के सिद्धांत' पढ़ें)।

चिंकी ने मेरी सलाह मानने से इनकार कर दिया और घोषणा की, ''मैं अरविंद मिल्स के शेयरों में 1 लाख रुपए निवेशित करने का अपना फैसला नहीं बदलने वाली।'' उसने तर्क दिया, ''भारतीय शेयर बाजार में ऐसे बहुत से शेयर हैं, जो कई बार अपनी कुल बिक्री प्रति शेयर से अधिक के भाव तक पहुँचे हैं। इसलिए संभव है कि भविष्य में अरविंद लि. भी 415 को छू ले।''

मैंने उत्तर दिया, "चिंकी, मैं तुम्हारे अवचेतन मन की शक्ति को चुनौती नहीं दे रहा हूँ, जिसने तुम्हें आगामी भाव और अरविंद मिल्स के भविष्य में होनेवाले डीमर्जर की जानकारी दी है। लेकिन तुम्हारे सपने की कोई समयावधि तय नहीं है कि यह सपना सच होने में कितना समय लगेगा। हो सकता है कि यह संकेत दस-पंद्रह साल बाद सच हो, तो तुम अपने पैसे इसमें अभी से क्यों फँसा रही हो?"

मेरे जवाब के दौरान चंदू लगातार हँसे जा रहा था। चिंकी ने इसे अपना अपमान समझा और उसने चंदू को धमकाते हुए कहा, "चंदू, अगर तुम सचमुच मुझसे प्यार करते हो तो तुम भी इस शेयर में 1 लाख रुपए लगाओगे।"

अब चंदू धर्म-संकट में पड़ गया। एक ओर उसका प्यार चाहता था कि वह भी उसके बताए शेयर में एक बड़ी धनराशि निवेश करे और दूसरी ओर इस स्तर पर मेरी निवेश न करने की सलाह थी।

मेरा सच्चा फॉलोवर होने के कारण चंदू मेरी सलाह को नजरअंदाज नहीं कर सकता था। वह अपने प्यार (चिंकी) और मेरे प्रति आस्था के धर्म-संकट में फँसा था।

आखिरकार उसने मुझसे सलाह माँगी, "गुरुजी, अब क्या किया जाए?"

"ठीक है, कोई बात नहीं, चिंकी। मेरे पास एक समाधान है। मैंने बड़ी धनराशि को अपनी रुचि के शेयर में निवेश करने का एक फॉर्मूला तैयार किया है। मैं अपना ट्रेडिंग व निवेश का यह गुप्त फॉर्मूला आप लोगों को बताता हूँ। अगर आप लोगों को यह पसंद आया तो तुम और चंदू दोनों मेरे बताए इस सुरक्षित तरीके से अपने 1-1 लाख रुपए अरविंद मिल्स में निवेश कर देना।"

तभी उसी समय मेरी पत्नी चाय-नाश्ता ले आईं। चाय पीने के बाद मैंने उन्हें अपना विचार बताना शुरू किया।

❑

किसी भी शेयर में निवेश व ट्रेडिंग का मेरा गुप्त फॉर्मूला

चाय पी लेने के बाद मैंने निवेश व ट्रेडिंग का अपना वह आसान फॉर्मूला बताना आरंभ किया, जो हर तरह के बाजार में तथा नियमित रूप से ट्रेड होनेवाले किसी भी शेयर पर काम करता है।

शेयरजीनियस निवेश फॉर्मूले की रूपरेखा

1. अपनी रुचि का शेयर या वह शेयर, जो आपके या किसी भी विश्लेषक के अनुसार आनेवाले समय में मल्टीबैगर होनेवाला है, उसे चुनिए।

2. शेयर बाजार की वेबसाइट से अपने चुने गए शेयर का बीते एक वर्ष का भाव संबंधी डाटा एम.एस. एक्सेल शीट में डाउनलोड कर लें।

चंदू ने मुझे रोका और कहा, ''एक मिनट सर, मुझे शेयर बाजार की वेबसाइट से भाव संबंधी डाटा डाउनलोड करना नहीं आता।''

मैंने उत्तर दिया, ''कोई बात नहीं, चंदू। यह बताने के बाद मैं तुम्हें शेयर बाजार की वेबसाइट से भाव संबंधी डाटा डाउनलोड करना भी सिखा दूँगा।''

3. बी.एस.ई. की वेबसाइट से डाउनलोड की गई अपनी एक्सेल शीट में से ओपन प्राइस, हाई प्राइस, लो प्राइस वाले कॉलम हटा दें। हमें सिर्फ तारीखों और क्लोजर प्राइस (बंद भाव) की ही जरूरत है।

4. एक कॉलम में '200 डी.एम.ए.' की गणना करें।

यदि आप 200 डी.एम.ए. की गणना करना नहीं जानते तो चिंता न करें। इस पुस्तक के आगामी पृष्ठों में मैंने 200 डी.एम.ए. की गणना की पूरी विधि बताई है।

5. अगले कॉलम में क्लोजर प्राइस और 200 डी.एम.ए. के बीच का अंतर (बंद भाव-200 डी.एम.ए.) दर्ज करें।

6. अब अंत में, बंद भाव और 200 डी.एम.ए. के बीच अंतर का प्रतिशत (प्रतिशत) निकालें।

चिंता न करें, मैं आपको 3 से 6 चरण की गणना के बारे में सबकुछ बताऊँगा। यहाँ मैं उसकी केवल रूपरेखा बता रहा हूँ; लेकिन आगामी पृष्ठों में पूरी विधि व्यावहारिक रूप से बताऊँगा। इसलिए कृपया इस पुस्तक को अंतिम पृष्ठ तक पूरा पढ़ें।

कृपया इस पुस्तक का कोई भी पृष्ठ छोड़ें नहीं। इसे पृष्ठ-दर-पृष्ठ पढ़ें। कहीं-कहीं यह आपको उबाऊ लग सकती है, लेकिन इसका कोई भी पृष्ठ न छोड़ें; क्योंकि आप द्वारा इस पुस्तक के सभी पृष्ठ पढ़ लेने पर आप सुरक्षित निवेश के एक नवीन जगत् से परिचित होंगे।

अब आपका 'शेयरों की ट्रेडिंग व निवेश हेतु शेयरजीनियस सॉफ्टवेयर' तैयार है।

7. निवेश के लिए निश्चित की गई रकम को बीस हिस्सों में बाँट दें।

उदाहरण के लिए, अगर आपने 1 लाख रुपए निवेश करने का फैसला किया है तो इसके 5,000-5,000 रुपए के बीस हिस्से कर दें और अगर आपने 2 लाख रुपए निवेश करने का फैसला किया है तो इसके 10,000-10,000 रुपए के बीस हिस्से कर दें।

अगर आप सिर्फ 50,000 रुपए लगाना चाहते हैं तो इसके 2,500-2,500 रुपए के बीस हिस्से कर दें।

8. अब एम.एस. एक्सेल शीट में बनाए अपने सॉफ्टवेयर में देखें। अगर आपका शेयर 200 डी.एम.ए. से नीचे चल रहा हो तो अभी इस शेयर

में निवेश का सही समय नहीं है। अभी अपने पैसे को नकद के तौर पर अपने पास ही रखें और इस अवधि में इस पर बचत खाते का ब्याज प्राप्त करें। यह स्थिति तब तक बनाए रखें, जब तक आपका शेयर 200 डी.एम.ए. को पार नहीं कर जाता।

9. अगर आपका शेयर 200 डी.एम.ए. से ऊपर चल रहा हो तो यह देखें कि यह क्लोजिंग प्राइस से कितने प्रतिशत ऊपर है।

10. मुझे आशा है कि आपको 5 का पहाड़ा अवश्य याद होगा—5, 10, 15, 20, 25, 30, 35, 40, 45, 50, 55, 60, 65, 70···आदि।

11. इसके हर बार 200 डी.एम.ए. से 5 प्रतिशत अधिक होने पर हम अपनी रकम का एक हिस्सा निवेश कर देंगे। हमने अपनी रकम को 5,000-5,000 के बीस हिस्सों में बाँट लिया है। अगर चिंकी का सपना सचमुच सच हो जाता है तो जैसे ही शेयर 200 डी.एम.ए. से 5 प्रतिशत ऊपर जाएगा, हम उसमें 5,000 रुपए निवेश कर देंगे। जब शेयर 200 डी.एम.ए. से 10 प्रतिशत ऊपर जाएगा तो हम इसमें अगले 5,000 रुपए निवेश कर देंगे। जब शेयर 200 डी.एम.ए. से 15 प्रतिशत आगे बढ़ेगा तो हम इस शेयर में 5,000 रुपए का खरा हिस्सा लगा देंगे।

12. मान लीजिए, आपके शेयर का अंतिम बंद भाव 200 डी.एम.ए. से 16 प्रतिशत पर रुक जाता है तो इस खेल में पहली बार शामिल होनेवालों को बंद भाव के अगले पाँच गुणन स्तर तक आने की प्रतीक्षा करनी होगी, अर्थात् इस शेयर में पहली बार पैसा लगानेवाले आपको इसके 200 डी.एम.ए. से 20 प्रतिशत अधिक होने की प्रतीक्षा करनी होगी, क्योंकि 16 के बाद का पाँच गुणन 20 होता है।

अगर आपने एक्सेल शीट बनाई है और उसमें यह शेयर 200 डी.एम.ए. से 5.65 प्रतिशत आगे निकलता दिख रहा है तो इस नियम के अनुसार, इस शेयर में पहली बार प्रवेश करनेवालों को शेयर के अगले पाँच गुणन स्तर 5.65 प्रतिशत के 10 प्रतिशत हो जाने तक प्रतीक्षा करनी होगी। (अगर आपको यह बिंदु समझ में नहीं आया है तो चिंता न करें, मैं अगले पृष्ठों में

हर बात विस्तार से समझाऊँगा। कृपया धैर्य रखें)

13. 200 डी.एम.ए. से हर 5 प्रतिशत की गिरावट पर हमें अपना एक लॉट (एक हिस्सा) बेचना होगा।

अगर शेयर 200 डी.एम.ए. से 10 प्रतिशत गिर जाता है तो हमें एक और हिस्सा बेचना होगा।

अगर शेयर 200 डी.एम.ए. से 15 प्रतिशत गिर जाता है तो हमें खरा हिस्सा भी बेचना होगा। 'पहले आओ, पहले पाओ' की तर्ज पर हमें सबसे पहले अपना सबसे पहले खरीदा गया हिस्सा बेचना होगा।

अत: 200 डी.एम.ए. से 5 प्रतिशत की प्रत्येक गिरावट पर हमें अपने पास रखे शेयरों में से 5 प्रतिशत बेचना होगा और 200 डी.एम.ए. से 5 प्रतिशत बढ़ने पर हमें अपनी रकम का एक हिस्सा निवेश करना होगा। और चिंकी, अगर तुम्हारा सपना सचमुच सच हुआ तो अरविंद मिल्स (अरविंद लि. को पहले 'अरविंद मिल्स' नाम से जाना जाता था) के बढ़ने के साथ ही हमारे निवेश में भी इजाफा होगा। वहीं अगर तुम्हारा सपना केवल एक सपना ही है और मेरे कुल बिक्री प्रति शेयर सिद्धांत के अनुसार इसका भाव गिरने लगा तो भाव गिरने के साथ ही हमें अपने शेयर बेचने होंगे।''

चिंकी ने कहा, ''सर, मैं ज्यादा पैसे कमाने को लेकर अति उत्साहित हूँ। आपके फॉर्मूले पर चलने से मेरा मुनाफा सीमित हो जाएगा। इसलिए माफ कीजिएगा, मैं आपके तरीके पर नहीं चल सकूँगी। लेकिन अगर चंदू आपके सिद्धांत पर चलना चाहे तो मुझे इसमें कोई एतराज नहीं है।''

चंदू खुश हो गया और बोला, ''धन्यवाद चिंकी! और महेश सर, मैं निश्चित ही इस शेयरजीनियस रामबाण पर चलूँगा। मुझे पूरा विश्वास है कि यह उत्तम ट्रेडिंग प्रणाली चिंकी के एक बार में किए गए निवेश से अधिक बेहतर साबित होगी।''

उन दोनों ने मुझे समय देने के लिए धन्यवाद कहा और अपने घर लौट गए।

❑

शेयरजीनियस निवेश फॉर्मूले का अरविंद लि. के शेयरों पर वास्तविक उपयोग

19 सितंबर, 2005 को शेयर बाजार खुलते ही चिंकी ने अपनी 1,00,000 रुपए की सारी पूँजी अरविंद मिल्स के शेयरों में निवेश कर दी।

अरविंद लि. (बी.एस.ई. कोड-500101) को पहले 'अरविंद मिल्स' के नाम से जाना जाता था।

कृपया नीचे दिए लिंक से अरविंद लि. का 1 सितंबर, 2004 से 31 अक्तूबर, 2016 तक कीमतों का भाव संबंधी ऐतिहासिक डाटा डाउनलोड कर लें—

http://www.bseindia.com/markets/equity/EQRep
orts/StockPrcHistori.aspx?expandable=7& scripc
ode=500101&flag=sp&Submit=G

इस पुस्तक को और अधिक गहराई से समझने के लिए आपको इस भाव संबंधी ऐतिहासिक डाटा की आवश्यकता होगी।

अगर आपको यह भाव संबंधी ऐतिहासिक डाटा डाउनलोड करने में कोई मुश्किल हो तो कृपया इस लिंक पर मौजूद मेरी ब्लॉग पोस्ट पढ़ें—

http://sharegenius.maheshkaushik.com/2015/07/h

ow-to-find-historical-stock-price-of.html

अत: 19 सितंबर, 2005 को जब अरविंद लि. का भाव 140 से 143.90 रुपए था, तब चिंकी ने 140.85 के भाव पर 710 शेयर खरीद लिये।

कुल निवेश = 140.85*710 = 1,00,003.50 (लगभग 1 लाख रुपए)

वहीं दूसरी ओर, चंदू ने मेरे फॉर्मूले के अनुसार एम.एस. एक्सेल शीट बनाई।

सबसे पहले चंदू ने अरविंद लि. का 1 सितंबर, 2004 से 19 सितंबर, 2005 का भाव संबंधी इतिहास डाउनलोड किया।

मैं पहले ही आपको 'बी.एस.ई. की वेबसाइट से भाव संबंधी ऐतिहासिक डाटा कैसे डाउनलोड करें' के बारे में बता चुका हूँ।

एम.एस. एक्सेल शीट डाउनलोड करने के बाद चंदू ने उसमें से ओपन प्राइस, हाई प्राइस, लो प्राइस वाले कॉलम मिटा दिए।

चंदू को केवल तारीखें और क्लोजर प्राइस (बंद भाव) कॉलम ही चाहिए थे।

अब उसने एक कॉलम में 200 डी.एम.ए. की गणना कर ली। इसके लिए एक कॉलम में क्लोजर प्राइस-200 डी.एम.ए. और खरे कॉलम में प्रतिशत वेरिएशन (परिवर्तन) लिख दिए।

मुझे पता है कि कुछ पाठकों को यह अभी भी स्पष्ट रूप से समझ नहीं आया होगा, इसलिए मैंने आपके लिए यह संपूर्ण एम.एस. एक्सेल शीट अपनी गूगल ड्राइव पर उपलब्ध करवा दी है। आप इसे यहाँ से डाउनलोड कर सकते हैं—

पूर्ण यू.आर.एल :

https://drive.google.com/file/d/0BwqVx444SxLa

anRPMzJXamJ4UmM/view?usp=sharing

लघु यू.आर.एल : https://goo.gl/RgKBru

या आप यू-ट्यूब पर 200 डी.एम.ए. की गणना पद्धति से संबंधित वीडियो भी देख सकते हैं—

https://www.youtube.com/watch?v=rSVbuSddV
BU

अब चंदू की एम.एस. एक्सेल शीट कुछ ऐसी दिख रही थी—

चंदू एम.एस. एक्सेल सीट (शेयर जीनियस सॉफ्टवेयर एवं अरविंद लि.)				
दिनांक	बंद कीमत	200 डी.एम.ए.	परिवर्तन	भिन्नता
1 सितं., 04	81.35	प्रथम 200 पंक्तियों में 200 डी.एम.ए. नहीं दिखेंगे। क्योंकि 200 डी.एम.ए. गुणा करने के लिए 200 दिन लगेंगे। इसलिए दमन इसमें एक फार्मूला लगाया है। जमा (B3:B202) भाग 200।		
2 सितं., 04	81.85			
3 सितं., 04	82.8			
6 सितं., 04	82.9			
7 सितं., 04	82.2			
8 सितं., 04	82.25			
9 सितं., 04	81.15			
10 सितं., 04	80.8			
13 सितं., 04	82			
14 सितं., 04	79.7			
15 सितं., 04	80.35			
16 सितं., 04	80.5			
17 सितं., 04	80.2			

चंदू ने देखा कि 19 सितंबर, 2005 को अरविंद मिल्स का 200 डी.एम.ए. 126.24 था और शेयर 141.25 पर बंद हुआ, जो इसके 200 डी.एम.ए. से 10.63 प्रतिशत अधिक था।

19 सितंबर, 2005 को चंदू की एक्सेल शीट के डाटा की तसवीर कुछ ऐसी थी—

चंदू एम.एस. एक्सेल सीट (शेयर जीनियस सॉफ्टवेयर एवं अरविंद लि.)				
दिनांक	बंद कीमत	200 डी.एम.ए.	परिर्वतन	भिन्नता
6 सितं., 05	133.4	125.17	8.23	6.17
8 सितं., 05	136.25	125.36	10.89	8.00
9 सितं., 05	136.25	125.49	10.76	7.89
12 सितं., 05	137.45	125.62	11.83	8.60
13 सितं., 05	139.85	125.74	14.11	10.09
14 सितं., 05	135.6	125.85	9.75	7.19
15 सितं., 05	137.05	125.97	11.08	8.09
16 सितं., 05	141	126.10	14.90	10.57
19 सितं., 05	141.25	126.24	15.01	10.63
20 सितं., 05	139.6	126.36	13.24	9.48

जब चंदू ने प्रतिशत वेरिएशन को 200 डी.एम.ए. से 10.63 प्रतिशत ऊपर देखा। मेरे फॉर्मूले के अनुसार, यह शेयर 5 प्रतिशत और 10 प्रतिशत के दो स्तर पार कर चुका था। अत: चंदू ने कुल रकम के दो हिस्से निवेश कर दिए (कुल रकम के दो हिस्सों का अर्थ है, उसे इस स्तर पर 5,000×2 = 10,000 रुपए निवेश करने थे)।

उसे मेरी बात याद थी कि यदि शेयर 200 डी.एम.ए. से ऊपर बंद हुआ हो तो यह देखें कि यह 200 डी.एम.ए. से कितने प्रतिशत ऊपर गया है। तत्पश्चात् 5 के प्रत्येक गुणन पर अपनी कुल रकम का एक हिस्सा निवेश कर दें।

जब उसने शेयर को 200 डी.एम.ए. से 10.63 प्रतिशत ऊपर देखा तो इसका मतलब था कि उसे पहली 5 प्रतिशत वृद्धि के लिए एक और 10 प्रतिशत वृद्धि के लिए दूसरा अर्थात् दो हिस्से निवेश करने होंगे।

मेरे साथ विचार-विमर्श करने तथा संस्तुति के लिए वो शीट को मेरे पास भी लाया।

उसकी शीट देखने के बाद मैं मुसकराया और कहा, "चंदू, मेरे नियमों के 12वें बिंदु का उपयोग करना मत भूलना कि इस खेल में पहली बार शामिल होनेवालों को बंद भाव के अगले पाँच गुणन स्तर तक आने की प्रतीक्षा करनी होगी।"

अब अरविंद मिल्स 200 डी.एम.ए. से 10.63 प्रतिशत ऊपर था, इसलिए हम तब तक निवेश नहीं कर सकते थे, जब तक अरविंद का शेयर हमारे अगले पाँच गुणक स्तर अर्थात् 15 प्रतिशत के निकट नहीं पहुँच जाता।

इसलिए इस स्तर पर निवेश न करें, क्योंकि 19 सितंबर, 2005 को बंद भाव (क्लोजिंग प्राइस) 200 डी.एम.ए. से 10.63 प्रतिशत ऊपर दिखा रहा था और आप पहली बार इस खेल में शामिल हुए हैं, अत: अरविंद के शेयरों को 200 डी.एम.ए. से 15 प्रतिशत से कुछ ऊपर आने तक प्रतीक्षा कीजिए।

उदाहरण के लिए, अगर शेयर बंद होने तक 200 डी.एम.ए. से 15 प्रतिशत ऊपर जाता है तो हम इसमें अपनी कुल रकम का एक हिस्सा निवेश करना शुरू कर सकते हैं, और बाद में बाकी हिस्से इसके 200 डी.एम.ए. से 20 प्रतिशत, 25 प्रतिशत, 30 प्रतिशत, 35 प्रतिशत, 40 प्रतिशत, 45 प्रतिशत…बढ़त होने पर निवेश करेंगे।

अत: 19 सितंबर, 2005 को जहाँ चिंकी ने अरविंद लि. के 710 शेयर खरीदे और 1,00,000 रुपए निवेश किए, वहीं चंदू ने कोई शेयर नहीं खरीदा; क्योंकि वह शेयरों के अपने 200 डी.एम.ए. से 15 प्रतिशत से अधिक पर बंद होने का सही समय आने की प्रतीक्षा कर रहा था। उसकी 1,00,000 रुपए की पूरी रकम उसके बचत खाते में रखी थी।

❑

19 सितंबर, 2005 से 19 सितंबर, 2006 के बीच क्या हुआ?

अब चिंकी के पास अरविंद लि. के 710 शेयर थे और चंदू के पास 1,00,000 रुपए नकद थे।

चंदू रोजाना अपनी एक्सेल शीट खोलता और उसमें बंद भाव दर्ज करता। अपनी शीट में 200 डी.एम.ए. और प्रतिशत वेरिएशन में बंद भाव दर्ज करने की पूरी प्रक्रिया में उसे रोजाना सिर्फ पाँच मिनट लगते।

अगर आपने पिछले अध्याय में दिए लिंक से यह शीट डाउनलोड कर ली है तो आप उसमें देखेंगे कि 19 सितंबर, 2005 को शेयर 200 डी.एम.ए. से 15 प्रतिशत ऊपर बंद नहीं हुआ है।

14 अक्तूबर, 2005 से अरविंद लि. के शेयर 200 डी.एम.ए. से गिरना शुरू हो गए। अभी चंदू के पास कोई शेयर नहीं था। अगर इस समय उसके पास शेयर होते तो 5 प्रतिशत की प्रत्येक गिरावट पर उसे एक लॉट बेचना पड़ता। लेकिन उसके पास कुछ नहीं था, इसलिए उसे शेयर बेचने की जरूरत नहीं पड़ी। आपको दिखाने के लिए मैं एक उदाहरण देता हूँ।

चंदू एम.एस. एक्सेल सीट (शेयर जीनियस सॉफ्टवेयर एवं अरविंद लि.)				
दिनांक	बंद कीमत	200 डी.एम.ए.	परिवर्तन	भिन्नता
13 अक्तू., 05	132.25	127.74	4.51	3.41
14 अक्तू., 05	126.15	127.71	-1.56	-1.23
17 अक्तू., 05	122.5	127.69	-5.19	-4.23
18 अक्तू., 05	122.35	127.64	-5.29	-4.32
19 अक्तू., 05	120.35	127.57	-7.22	-6.00
20 अक्तू., 05	113.5	127.47	-13.97	-12.31
21 अक्तू., 05	119.45	127.45	-8.00	-6.70

अगर चंदू के पास 19 अक्तूबर, 2005 को अरविंद के 200 डी.एम.ए. से 6 प्रतिशत नीचे बंद होने के समय कोई शेयर होता तो उसे अगले दिन 20 अक्तूबर, 2005 को अपने सबसे पुराने खरीदे गए शेयर 'पहले आओ, पहले पाओ' सिद्धांत के तहत बेचने पड़ते। ऐसा ही 20 अक्तूबर, 2005 को भी होता, जब शेयरों में 200 डी.एम.ए. से 12.31 प्रतिशत की गिरावट आई। इन हालात में चंदू को अगले कारोबारी दिवस 21 अक्तूबर, 2005 को अपने खरे व सबसे पुराने खरीदे शेयर बेचने पड़ते। लेकिन फिलहाल चंदू के पास बेचने के लिए कोई शेयर नहीं थे।

अगर आपने गूगल ड्राइव पर मेरे द्वारा दी गई एक्सेल शीट डाउनलोड नहीं की है तो मैं आपसे एक बार फिर निवेदन करता हूँ कि कृपया उस पूरी शीट को डाउनलोड करें, उसका प्रिंट निकालें और इस पुस्तक को पढ़ते समय उस शीट को संदर्भ रूप में उपयोग करें।

डाउनलोड करने का लिंक—

https://drive.google.com/file/d/0BwqVx444SxLa anRPMzJXamJ4UmM/view?usp=sharing

लघु यू.आर.एल : https://goo.gl/RgKBru

अब इस शीट में 19 सितंबर, 2006 को देखने पर आपको क्या पता चलता है ?

इस पूरे साल के दौरान अरविंद कभी भी 200 डी.एम.ए. के निकट भी नहीं आया। इसलिए चंदू का नकद उसके पास था और उसे बचत खाते में 4 प्रतिशत की दर से 4,000 रुपए का ब्याज मिला। अब उसकी कुल धनराशि 1,04,000 हो गई थी। लेकिन चिंकी का क्या हुआ ?

चिंकी की कुल धनराशि की गणना के लिए 19 सितंबर, 2006 का प्राइस डाटा देखें—

चंदू एम.एस. एक्सेल सीट (शेयर जीनियस सॉफ्टवेयर एवं अरविंद लि.)				
दिनांक	**बंद कीमत**	**200 डी.एम.ए.**	**परिवर्तन**	**भिन्नता**
19 सितं., 06	66.85	82.44	-15.59	-23.33
20 सितं., 06	65.85	82.23	-16.38	-24.87

अगर हम 19 सितंबर, 2006 के बंद भाव 66.85 से 710 शेयरों को गुणा करें तो यह 710 × 66.85 = 47,463.50 हुआ।

ओह, चिंकी को 52,540 रुपए का नुकसान हुआ है।

19 सितंबर को चंदू और चिंकी एक कैफे में मिले और कॉफी का आनंद लिया। चंदू ने मुसकराते हुए पूछा, ''चिंकी, क्या अब तुम मानती हो कि महेश कौशिकजी सही थे ? क्योंकि अब तक तुम्हें लगभग 52,540 रुपयों का नुकसान हो चुका है, जबकि मैंने बचत खाते पर 4,000 रुपए का ब्याज कमाया।''

अब चिंकी आपा खो बैठी और बोली, ''तुम्हारे वो मूर्ख महेश कौशिकजी अपने वीडियो में कहते हैं कि अपने अनुमानित नुकसान की परवाह न करें, अपने शेयरों को अपने पास रखें और अच्छे समय का इंतजार करें।''

उसने गरम कॉफी की चुस्की भरी और आग उगलना जारी रखा, ''ऐसा है तो तुम मेरे 'अनुमानित नुकसान' को 'स्थायी नुकसान' क्यों कह रहे हो? मेरे पास अभी भी 710 शेयर हैं। मैं लंबे समय के लिए निवेश करनेवालों में से हूँ। एक दिन मुझे इस कंपनी से अच्छा मुनाफा प्राप्त होगा।

''चंदू, तुम्हारे लिए अभी भी अवसर है। अपने शिक्षक की सलाह भूल जाओ और इन्हें 66.85 के इस स्तर पर ही खरीद लो। इससे तुम्हें जल्दी ही लाभ हो सकता है।'' उसने सलाह दी।

''नहीं चिंकी, मैं महेश कौशिकजी का कट्टर फॉलोवर हूँ और उनके सॉफ्टवेयर की बदौलत मिली मानसिक शांति का आनंद ले रहा हूँ।'' चंदू ने जवाब दिया।

आखिरकार चिंकी ने कहा, ''ठीक है डियर, अगले साल हम दोनों फिर मिलेंगे और अपने पोर्टफोलियो की तुलना करेंगे। अगर तुम आगे हुए तो मैं तुम्हें पार्टी दूँगी और अगर एक साल बाद तुम नहीं जीत सके तो तुम मुझे पार्टी देना।''

चंदू हँसा। उसने चिंकी की चुनौती स्वीकार की और कॉफी का बिल चुका दिया।

❑

19 सितंबर, 2006 से 19 सितंबर, 2007 के बीच क्या हुआ?

19 सितंबर, 2006 से 31 अगस्त, 2007 तक अरविंद के शेयर 200 डी.एम.ए. से नीचे रहे। मुझे लगता है कि अब तक आपने एक्सेल शीट डाउनलोड कर ली होगी। उसमें 19 सितंबर, 2006 से 31 अगस्त, 2007 तक का डाटा देखिए। अगर आपने पूरी शीट डाउनलोड नहीं की है तो चित्र में देखिए—

चंदू एम.एस. एक्सेल सीट (शेयर जीनियस सॉफ्टवेयर एवं अरविंद लि.)				
दिनांक	बंद कीमत	200 डी.एम.ए.	परिवर्तन	भिन्नता
30 अग., 07	46.35	48.54	-2.19	-4.71
31 अग., 07	48	48.49	-0.49	-1.03
3 सितं., 07	51.5	48.47	3.03	5.89
4 सितं., 07	52.4	48.4[illegible]	3.95	7.53
5 सितं., 07	51.9	48.44	3.46	6.66

लेकिन 3 सितंबर, 2007 को एक चमत्कार हुआ, अरविंद लि. के शेयर 51.50 पर बंद हुए, जो चंदू के 200 डी.एम.ए. के 48.47 से 5.89 प्रतिशत ऊपर था।

चंदू ने सोचा कि उसे पहली बार खरीद के लिए इसके 15 प्रतिशत से अधिक पर बंद होने की प्रतीक्षा करनी चाहिए। लेकिन 3 सितंबर, 2007 को रात 8 बजे मैंने चंदू को फोन किया।

मैंने कहा, "हेलो, चंदू बोल रहे हैं?"

चंदू ने उत्तर दिया, "अरे सर, कितना सुखद आश्चर्य है कि आपने मुझे फोन किया!"

"चंदू, जब तुम और चिंकी 18 सितंबर, 2005 को मिलने आए थे तो उस समय मैंने तुम्हें अपने फॉर्मूले का एक अहम हिस्सा नहीं बताया था; क्योंकि अगर मैं उस समय तुम्हें यह बताता भी तो तुम इसे स्पष्ट रूप से समझ नहीं पाते।"

"सर, आपने मुझसे जो कुछ भी छिपाया था, प्लीज बता दीजिए।"

"मेरे प्यारे, छिपाया नहीं था। वह समय फॉर्मूले को पूरी तरह से बताने के लिए ठीक नहीं था; क्योंकि उस समय अगर मैं बिना किसी स्पष्ट उदाहरण के इसे समझाता तो तुम संभवतः इससे ऊब जाते और इसे स्पष्ट रूप से नहीं समझ पाते।"

"ठीक है, सर। कृपया मुझे शेयरजीनियस नियम का शेष भाग बता दीजिए।" चंदू बहुत उत्साहित था।

मैंने उत्तर दिया—"जब भी तुम्हारा शेयर 200 डी.एम.ए. के प्रतिशत वेरिएशन में ऋणात्मक (–) से धनात्मक (+) हो तो तुम्हें हर बार इसे आरंभिक बिंदु मानना होगा। यानी कि अगर तुम्हारे शेयर 200 डी.एम.ए. के प्रतिशत वेरिएशन में (–) से सुधार होकर (+) प्रतिशत वेरिएशन में आ जाए, तब आपको अपने लिए एक लॉट खरीद लेना है (अपनी कुल रकम के एक भाग से निवेश करना आरंभ करें)।

"क्योंकि 200 डी.एम.ए. के निचले स्तर से सुधार होकर 200 डी.एम.ए. से अधिक होना, ऐसा दमदार तकनीकी संकेत है, जिसके लिए आपको पूरा तकनीकी विश्लेषण सीखना आवश्यक नहीं है। आपको सिर्फ अपने 200 डी.एम.ए. के (+) और (–) वेरिएशन का ध्यान रखना है। अब हम अरविंद की स्थिति देखते हैं।

चंदू एम.एस. एक्सेल सीट (शेयर जीनियस सॉफ्टवेयर एवं अरविंद लि.)				
दिनांक	बंद कीमत	200 डी.एम.ए.	परिर्वतन	भिन्नता
30 अग., 07	46.35	48.54	-2.19	-4.71
31 अग., 07	48	48.49	-0.49	-1.03
3 सितं., 07	51.5	48.47	3.03	5.89
4 सितं., 07	52.4	48.45	3.95	7.53
5 सितं., 07	51.9	48.44	3.46	6.66

''आप देख सकते हैं कि शेयर 51.50 रुपए पर बंद हुआ, जो 200 डी.एम.ए. से 5.89 प्रतिशत अधिक है। अत: इस बिंदु से आप निवेश की शुरुआत करते हुए 1/20 हिस्सा निवेश कर सकते हैं, अर्थात् अगर आपने 1,00,000 रुपए निवेश करने का फैसला किया है तो आप इस स्तर पर पहले 5,000 रुपए निवेश कर सकते हैं।''

चंदू ने तर्क दिया, ''लेकिन सर, आपने कहा था कि मैं 200 डी.एम.ए. से 15 प्रतिशत अधिक होने तक प्रतीक्षा करूँ?''

''हाँ प्यारे, लेकिन मेरा वह नियम मत भूलो कि जब भी आपके शेयर के प्रतिशत वेरिएशन 200 डी.एम.ए. में (–) से (+) का सुधार हो तो उस समय को अपना शुरुआती बिंदु मानो।'' मैंने उत्तर दिया।

''ठीक है, सर मैं समझ गया कि 3 सितंबर, 2007 को अरविंद के भाव प्रतिशत वेरिएशन में –1.03 प्रतिशत से + 5.89 प्रतिशत का बदलाव हुआ है। इसलिए मैं यहाँ से शुरुआत कर सकता हूँ और निकट भविष्य में जब भी ऐसी स्थिति आए तो इसे शुरुआत का नया स्तर समझूँ।''

''हाँ, यही बात गिरावट पर भी लागू होती है। जब भी आपका शेयर प्रतिशत वेरिएशन 200 डी.एम.ए. से (+) से (–) नीचे जाए,

ऐसे समय को नया विक्रय बिंदु मानना चाहिए।"

चंदू मेरी बात समझ गया और उसने 3 सितंबर, 2007 को 51.50 के बंद भाव पर 'बाय' ऑर्डर दे दिया। इसके साथ ही मैंने उसे यह भी सलाह दी थी, जब भी आप बंद बाजार पर 'बाय' ऑर्डर करें, तब लिमिट प्राइस में भाव 1 प्रतिशत ऊपर रखें; क्योंकि यदि शेयर तकनीकी रूप से मजबूत हो तो संभव है कि अगले कारोबारी सत्र में वो काफी अंतराल से खुले। अगर अगले दिन यह शेयर 51.50 से अधिक पर खुला और पूरे कारोबारी दिवस में 51.50 पर नहीं आया तो आप उसे खरीदने का अवसर खो बैठेंगे।

बंद बाजार में खरीद आदेश देने के लिए @51.50 प्रति शेयर की जगह 1 प्रतिशत अधिक भाव, यानी 51.50 का 1 प्रतिशत होगा—0.51, अतः आप अपनी लिमिट प्राइस 51.50+0.51= 52.01 रखें। इससे अगले कारोबारी सत्र में आपका वो शेयर खरीदना सुनिश्चित हो जाएगा।

वहीं, अगर अगले दिन शेयर 52.01 के नीचे खुला तो कम भाव होने के कारण एक्सचेंज स्वतः ही इसे आपके लिए खरीद लेगा और आपको इसकी चिंता नहीं करनी पड़ेगी।

अतः चंदू ने अपना बंद बाजार खरीद आदेश @52.01 प्रति शेयर रखा और अगले सत्र 4 सितंबर, 2007 में 96 शेयर खरीदने का आदेश दे दिया।

चंदू ने कुल 96 शेयर खरीदने में 4,992.96 का निवेश किया। (गणना को आसान रखने के लिए मैं इस उदाहरण में दलाली की राशि को शामिल नहीं कर रहा) चंदू के पास राशि बची—1,04,000-4,992.96 = 99,007.04.

13 सितंबर, 2007 को अरविंद का शेयर 54 रुपए पर बंद हुआ। उस दिन यह 200 डी.एम.ए. से 10.22 प्रतिशत अधिक था। नीचे दिए चित्र में देखें—

चंदू एम.एस. एक्सेल सीट (शेयर जीनियस सॉफ्टवेयर एवं अरविंद लि.)				
दिनांक	बंद कीमत	200 डी.एम.ए.	परिवर्तन	भिन्नता
6 सितं., 07	52.25	48.44	3.81	7.29
7 सितं., 07	50.95	48.44	2.51	4.93
10 सितं., 07	52	48.45	3.55	6.82
11 सितं., 07	52.55	48.46	4.09	7.78
12 सितं., 07	51.4	48.46	2.94	5.72
13 सितं., 07	54	48.48	5.52	10.22

उसने मेरे नियम पर चलते हुए 13 सितंबर, 2007 की रात बंद बाजार ऑर्डर दे दिया। अपने बंद बाजार ऑर्डर में चंदू ने बाजार खुलने के अंतराल को पाटने के लिए 54 का 1 प्रतिशत = 0.54 की राशि और जोड़ दी। 14 सितंबर, 2007 को बाजार खुलने पर चंदू ने @ 54+0.54 = 54.54 प्रति शेयर की दर से 92 शेयर और खरीदने का आदेश दे दिया।

चंदू ने 14 सितंबर, 2007 को 92 शेयर @54.54 पर खरीदे और 5,017.68 रुपए निवेश कर दिए (दलाली के बिना, मैं पहले ही कह चुका हूँ कि गणना में आसानी के लिए हम दलाली को नजरअंदाज करेंगे)। अब उसकी शेष धनराशि थी—99,007.04–5,017.68 = 93,989.36 और उसके पास अरविंद मिल्स के 96+92 = 188 शेयर थे।

19 सितंबर, 2007 को चंदू और चिंकी एक होटल में फिर से मिले और उन्होंने अपने पोर्टफोलियो पर चर्चा की। चिंकी की स्थिति यह थी—

चिंकी के पास 710 शेयर थे और उसके निवेश का बाजार मूल्य 710 × 50.60 = 35,926 था और वह 64,074 की अनुमानित हानि का सामना कर रही थी।

वहीं चंदू के पास 188 शेयर थे और उसके इन 188 शेयरों का बाजार मूल्य 188 × 50.60 = 9,512.80 था।

पिछले ग्यारह महीने से चंदू के बचत खाते में 1,04,000 रुपए थे और बारह महीनों में उसने इस शेष राशि में से 10,120 रुपए निवेश किए थे। इसके साथ ही उसे इस साल बचत खाते पर 4 प्रतिशत की दर से 4,020 रुपए ब्याज भी मिला था।

चंदू के पास कुल राशि थी—93,880+4,020=97,900

चंदू की कुल संपत्ति हुई—97,900 नकद+9,612.80 इक्विटी 1,07,412.80

तो जीत किसकी हुई?

निस्संदेह चंदू विजयी रहा। चिंकी को पिछले साल किए वायदे के अनुसार उसे आइसक्रीम पार्टी देनी थी; लेकिन चंदू ने पार्टी लेने से इनकार कर दिया, "चिंकी, तुम्हें पहले ही नुकसान हो चुका है, इसलिए आइसक्रीम पार्टी का बिल मैं अदा करूँगा। मुझे लगता है कि अपने नुकसान की भरपाई के लिए तुम्हें महेश कौशिकजी के 'लॉस रिकवरी आइडिया' (नुकसान वसूली विचार) का उपयोग करना चाहिए।"

चिंकी ने हैरानी से पूछा, "यह विचार क्या है, चंदू?"

चंदू ने कहा, "अपनी पुस्तक 'शेयर मार्केट में जीत के सिद्धांत' के अध्याय 26 में उन्होंने अपना यह विचार बताया है। वे कहते हैं कि जब आपका शेयर 200 डी.एम.ए. में न्यूनतम भाव से अधिकतम भाव पर पहुँच जाए और आपको अपने पास रखे शेयरों में नुकसान हो रहा हो तो इस स्तर पर औसत निकालकर इन शेयरों में दोगुनी राशि निवेश कर दें।"

चंदू ने रुककर गहरी साँस ली और बोलना जारी रखा।

"तुम 1,00,000 रुपए पहले ही निवेश कर चुकी हो और तुम्हारे पास अरविंद मिल्स के 710 शेयर हैं। अब यह शेयर 200 डी.एम.ए. में निम्न से उच्च स्तर पर पहुँच गया है। तो इस विचार के अनुसार, अब 50.60 के इस स्तर पर तुम्हें इसमें 2,00,000 रुपए और निवेश करने

होंगे। इसके बाद अगर तुम इस विधि से औसत वसूली करना चाहती हो तो तुम्हें 50.60 के स्तर पर 3,953 शेयर और खरीदने होंगे, जिससे तुम्हारी होल्डिंग का भाव घटकर 64.33 रुपए प्रति शेयर (3,00,000/ 4,663 = 64.33) हो जाएगा। महेश कौशिकजी के अनुसार, ऐसे 80 प्रतिशत मामलों में 64.33 की दर एक-दो महीनों में हासिल हो जाती है, और इस विधि से आप अपने पूरे नुकसान की वसूली कर सकते हैं।''

चिंकी ने चंदू की बात मानी और मेरे नुकसान वसूली विचार के बारे में विस्तार से जानने के लिए मेरी 'शेयर मार्केट में जीत के सिद्धांत' पुस्तक मँगवा ली।

❑

चिंकी की अरविंद के शेयरों में औसत वसूली

20 सितंबर, 2007 को चिंकी अपने नुकसान में चल रहे शेयरों से औसत वसूली चाहती थी। चंदू की सलाह मानकर उसने इसके लिए मेरी 'स्मार्ट एवरेज आउट प्रणाली' का उपयोग किया और 50.60 के स्तर पर 2,00,000 रुपए और निवेशित कर दिए।

चिंकी ने 50.60 की दर से 3,953 शेयर और खरीद लिये।

इस तरह औसत निकालने के बाद चिंकी के पास अरविंद मिल्स के 3,953 + 710 = 4,663 शेयर हो गए और उसकी होल्डिंग लागत घटकर 64.33 रुपए प्रति शेयर (3,00,000/4,663 = 64.33) हो गई।

इस कहानी को पढ़ना आरंभ करने से पहले डाउनलोड की गई अपनी एक्सेल शीट में 4 अक्तूबर, 2007 का बंद भाव देखिए। अगर आपने यह शीट डाउनलोड नहीं की है तो इस चित्र में देखें—

चंदू एम.एस. एक्सेल सीट (शेयर जीनियस सॉफ्टवेयर एवं अरविंद लि.)				
दिनांक	बंद कीमत	200 डी.एम.ए.	परिर्वतन	भिन्नता
26 सितं., 07	59.75	48.45	11.30	18.91
27 सितं., 07	58.2	48.47	9.73	16.72

28 सितं., 07	61.9	48.51	13.39	21.63
1 अक्तू., 07	63	48.57	14.43	22.90
3 अक्तू., 07	61.5	48.64	12.86	20.91
4 अक्तू., 07	65.3	48.71	16.59	25.40

चिंकी हैरान रह गई कि 15 दिनों के भीतर ही 4 अक्तूबर, 2007 को उसके औसत वसूली वाले शेयर @65.30 पर बंद हुए। उसके नुकसान की पूरी भरपाई हो गई और अब वह मुनाफे में थी; क्योंकि अब उसके पोर्टफोलियो का बाजार मूल्य 4,663 × 65.30 = 3,04,493.90 था। अगर वह इसी समय अपने शेयर बेच दे तो उसे 4,493.90 रुपए का मुनाफा होगा।

चंदू ने उसे फोन किया, ''हेलो चिंकी, बधाई हो! मुझे लगता है कि अब तुम अपने शेयर 65.30 की दर से बेचकर नुकसान से पीछा छुड़ा सकती हो। मेरे खयाल से, अब तुम समझ गई होगी कि कौशिकजी हमेशा से क्या कहना चाह रहे थे?''

चिंकी ने उत्तर दिया, ''हाँ चंदू, अब तो मैं भी महेश कौशिकजी की मुरीद हो गई हूँ। लेकिन अपना प्रॉफिट बुक करने से पहले मैं तुमसे एक बात पूछना चाहती हूँ कि तुम्हारे पास अभी अरविंद के कितने शेयर हैं?''

चंदू ने उत्तर दिया, ''चिंकी, तुम जानती ही हो कि 19 सितंबर, 2007 को मेरे पास अरविंद के 188 शेयर थे। लेकिन जैसे ही शेयर के भाव चढ़े, मेरे सॉफ्टवेयर ने स्वत: ही नई खरीद की सलाह दे दी और मैंने 200 डी.एम.ए. से 15 प्रतिशत से 20 प्रतिशत चढ़ने पर 163 शेयर और खरीद लिये। फिलहाल मेरे पास 351 से अधिक शेयर हैं और मेरा सॉफ्टवेयर बता रहा है कि आज शेयर 200 डी.एम.ए. से 25.40 प्रतिशत बढ़कर बंद हुए हैं। इसलिए अगले कारोबारी सत्र में मैं 76 शेयर और खरीदनेवाला हूँ।''

आगे बढ़ने के पूर्व मैं चंदू की खरीद के बारे में जानकारी देना चाहता हूँ। अपनी एक्सेल शीट को देखिए, जिसे आपने इस पुस्तक को पढ़ना आरंभ करते समय डाउनलोड किया था या यह चित्र देखिए—

चंदू एम.एस. एक्सेल सीट (शेयर जीनियस सॉफ्टवेयर एवं अरविंद लि.)				
दिनांक	बंद कीमत	200 डी.एम.ए.	परिर्वतन	भिन्नता
26 सितं., 07	59.75	48.45	11.30	18.91
27 सितं., 07	58.2	48.47	9.73	16.72
28 सितं., 07	61.9	48.51	13.39	21.63
1 अक्तू., 07	63	48.57	14.43	22.90
3 अक्तू., 07	61.5	48.64	12.86	20.91
4 अक्तू., 07	65.3	48.71	16.59	25.40

26 सितंबर, 2007 को अरविंद 200 डी.एम.ए. से 18.91 प्रतिशत अधिक पर बंद हुआ। चंदू 5 प्रतिशत और 10 प्रतिशत पर पहले ही शेयर खरीद चुका था और अब वह 15 प्रतिशत की बढ़त खरीद के लिए तैयार था।

बंद होते समय शेयर का भाव 200 डी.एम.ए. से 18.91 प्रतिशत अधिक हो चुका था। अत: चंदू ने अपने 15 प्रतिशत का अगला लॉट बुक कर दिया। यानी उसने खरीद भाव के अंतराल 59.75 + 0.59 = 60.34 पर 5,008.22 के निवेश से 83 शेयर और खरीद लिये। अब उसके पास कुल शेयर 188 + 83 = 271 और शेष नकद 93,001.14 थे।

28 सितंबर, 2007 को

बंद भाव 61.90

200 डी.एम.ए. से 21.63 प्रतिशत अधिक

अब समय था 20+ बढ़त की खरीद का।

80 शेयर @62.51 (61.90 + 0.61) पर और खरीदे

नया निवेश = 80 × 62.51 = 5,000.80

29 सितंबर, 2007 को कुल शेयर = 271 + 80 = 351

नकद शेष = 93,001.14 - 5,000.80 = 88,000.34

गणना में आसानी के लिए इन उदाहरणों में मैंने दलाली को शामिल नहीं किया है।

4 अक्तूबर, 2007 को

बंद भाव 65.30

200 डी.एम.ए. से 25.40 प्रतिशत अधिक

अब समय था 25+ बढ़त की खरीद का

76 शेयर @65.95 (65.30 + 0.65) पर और खरीदे

नया निवेश = 76 × 65.90—5,012.20

नकद शेष = 88,000.34 - 5,012.20 = 82,988.14

5 अक्तूबर, 2007 को कुल शेयर—351 + 76 = 427

गणना में आसानी के लिए इन उदाहरणों में मैंने दलाली को शामिल नहीं किया है।

अब वापस अपनी कहानी पर लौटते हैं।

चंदू की बात सुनकर चिंकी ने तर्क दिया, "चंदू, क्या तुम पागल हो गए हो? तुम खुद तो 76 शेयर और खरीदने वाले हो और मुझे अपने शेयर बेचने की सलाह दे रहे हो? क्या तुम्हें इसमें कोई तर्क दिखाई देता है? मुझे तो लग रहा है कि इस शेयर ने चढ़ना शुरू कर दिया है और एक दिन मेरा सपना जरूर सच होगा कि अरविंद मिल्स का शेयर 415 रुपए का हो जाएगा। यह न केवल 415 रुपए के ऊँचे भाव को छुएगा, बल्कि अरविंद मिल्स डीमर्जर के बाद अरविंद लि. और अरविंद इन्फ्रास्ट्रक्चर नाम से दो कंपनियाँ भी बन जाएँगी। इसलिए अभी मैं इन्हें अपने पास ही रखूँगी। मैं दस-बीस साल वाली दीर्घावधिक निवेशक हूँ, इसलिए मैं दस-बीस सालों से पहले अपने शेयर नहीं बेचने वाली।"

चंदू ने उत्तर दिया, ''लेकिन चिंकी, तुम अपना नुकसान पूरा करना चाहती थीं और अब, जब तुमने इसे पूरा कर लिया है तो तुम अपना मन क्यों बदल रही हो?''

''मैंने अपना मन इसलिए बदला, क्योंकि तुम अभी भी इन शेयरों को खरीदना चाहते हो और जब तुम्हारा सॉफ्टवेयर तुम्हें बेचने की सलाह देगा, मैं भी तभी अपने शेयर बेचूँगी।''

''माई डियर, अरविंद के 200 डी.एम.ए. से -5 प्रतिशत नीचे जाने पर मेरे सॉफ्टवेयर ने बेचने के संकेत दिए थे। उस दौरान तुमने फिर नुकसान उठाया और नुकसान उठाने के बावजूद इन्हें नहीं बेचा।''

''नहीं चंदू, अगर तुम्हें नुकसान की चिंता नहीं है तो मेरे लिए भी अभी अपने शेयर बेचना समझदारी नहीं है।''

आखिरकार, चिंकी ने मेरे 'नुकसान वसूली विचार' में अपने लालच का तड़का लगा दिया और नुकसान की वसूली हो जाने के बावजूद अपने शेयरों को होल्ड पर रखा।

❑

शेयर बाजार में वर्ष 2008 की सबसे बड़ी गिरावट के दौरान क्या हुआ?

मैं एक ईमानदार आदमी हूँ, इसलिए इस कहानी की शुरुआत 19 सितंबर, 2005 से करूँगा; क्योंकि मैं आपको अपने फॉर्मूले के समक्ष उत्पन्न सबसे खराब परिस्थिति से अवगत करवाना चाहता हूँ। यह सन् 2008 में भारतीय व अंतरराष्ट्रीय शेयर बाजारों का गिरना और विश्व इतिहास की सबसे बड़ी शेयर बाजार गिरावट का सामना करना था।

इस अध्याय में मैं आपको बताऊँगा कि अगर आप मेरे सॉफ्टवेयर के अनुसार शेयरों को होल्ड करते हैं तो शेयर बाजार में गिरावट आने पर आपके लिए हालात किस हद तक खराब हो सकते हैं।

अब हम फिर से चंदू के सॉफ्टवेयर पर लौटते हैं। अपनी एक्सेल शीट या इस चित्र को देखिए—

चंदू एम.एस. एक्सेल सीट (शेयर जीनियस सॉफ्टवेयर एवं अरविंद लि.)				
दिनांक	बंद कीमत	200 डी.एम.ए.	परिवर्तन	भिन्नता
15 अक्तू., 07	72.7	49.20	23.50	32.32
16 अक्तू., 07	70.35	49.30	21.05	29.93
17 अक्तू., 07	67.15	49.37	17.78	26.48
18 अक्तू., 07	66.85	49.44	17.41	26.04

15 अक्तूबर, 2007 को

बंद भाव 72.70

200 डी.एम.ए. से 32.32 प्रतिशत अधिक

अब समय था 35+ बढ़त की खरीद का

69 शेयर @73.42 (72.70 + 0.72) पर और खरीदे

नया निवेश—69 × 73.42 = 5,065.98

नकद शेष—82,988.14 - 5,065.98 = 77,922.16

16 अक्तूबर, 2007 को कुल शेयर—427 + 69 = 496

गणना में आसानी के लिए इन उदाहरणों में मैंने दलाली को शामिल नहीं किया है।

चंदू एम.एस. एक्सेल सीट (शेयर जीनियस सॉफ्टवेयर एवं अरविंद लि.)				
दिनांक	**बंद कीमत**	**200 डी.एम.ए.**	**परिर्वतन**	**भिन्नता**
4 दिसं., 07	80.9	52.04	28.86	35.67
5 दिसं., 07	79.55	52.17	27.38	34.42
6 दिसं., 07	76.8	52.29	24.51	31.92

4 दिसंबर, 2007 को

बंद भाव 80.90

200 डी.एम.ए. से 35.67 प्रतिशत अधिक

अब समय था 35 प्रतिशत+बढ़त की खरीद का

61 शेयर @81.70 (80.90 + 0.80) पर और खरीदे

नया निवेश—61 × 81.70 = 4,983.70

नकद शेष—77,922.16 - 4,983.70 = 72,938.46

5 दिसंबर, 2007 को कुल शेयर—496 + 61 = 557

गणना में आसानी के लिए इन उदाहरणों में मैंने दलाली को शामिल नहीं किया है।

31 दिसंबर, 2007 को नए साल की पार्टी 'वेलकम 2008' में चंदू एवं चिंकी की मुलाकात हुई और वहाँ दोनों ने एक बार फिर अपने पोर्टफोलियो पर बात की।

इस समय अरविंद का बंद भाव 90.55 था।

चिंकी के पास 4,663 शेयर थे, जिनका बाजार मूल्य 4,663 × 90.55 = 4,22,234.65 रुपए था, अत: चिंकी 1,22,234.65 के शुद्ध लाभ में थी; और चंदू के पास 557 शेयर थे; और उसके शेयरों का बाजार मूल्य 557 × 90.55 = 50,436.35 था।

इसके अलावा, चंदू के पास 72,938.46 रुपए नकद भी थे।

चंदू की कुल संपत्ति 50,436.35 + 72,938.46 = 1,23,374.81 थी।

वे दोनों खुश थे और नए साल की पार्टी का आनंद ले रहे थे। चंदू ने चिंकी से एक बार फिर कहा, "चिंकी, मान लो, अरविंद मिल्स का भाव लगभग 50 तक गिर जाता है और तुम्हारा पोर्टफोलियो एक बार फिर नुकसान में आ जाए, तो इन हालात में तुम नुकसान सहोगी या कुछ समय और प्रतीक्षा करोगी?"

चिंकी ने जवाब में कहा, "चंदू, तुमने वॉरेन बफे का नाम सुना है?"

चंदू ने कहा, "हाँ, मैं उन्हें जानता हूँ। वह अमेरिका के बहुत बड़े निवेशक हैं।"

चिंकी ने पूछा, "क्या तुम उनकी निवेश रणनीति के बारे में जानते हो?"

चंदू ने कहा, "नहीं; लेकिन अगर तुम वॉरेन बफे की निवेश रणनीति पर प्रकाश डालो तो मुझे खुशी होगी।"

तब चिंकी ने उसे एक कहानी सुनाई—

"वॉरेन बफे ने 11 साल की उम्र में पहली बार शेयर खरीदे। उन्होंने सिटीज सर्विस (अब एक तेल कंपनी, जो सी.आई.टी.जी.ओ. के नाम से जानी जाती है) के 38 डॉलर प्रति शेयर की दर से 6 शेयर खरीदे थे। उनमें से 3 उन्होंने अपने लिए और 3 अपनी बहन डोरिस के लिए खरीदे थे।

''उस समय उनके पास इतने ही पैसे थे। उन्होंने इतनी कम उम्र में डायवर्सिफिकेशन न करने का अभ्यास किया और अपने संपूर्ण निवेश कॅरियर के दौरान इसे जारी रखा।

''शेयर के भाव गिरकर 27 डॉलर के रह गए। लेकिन जल्दी ही व 40 डॉलर तक पहुँच गए। उन्होंने 40 के भाव पर अपने शेयर बेच दिए। लेकिन वे शेयर अगले कुछ सालों में तेज गति से चढ़कर 202 डॉलर तक पहुँच गए। बाद में उन्होंने अपने इस अनुभव को निवेश के दौरान धैर्य रखने का शुरुआती सबक बताया।

''इसलिए चंदू, मैं वॉरेन बफे की अनुसरणकर्ता हूँ और मैं अपने शेयर नुकसान में कभी नहीं बेचूँगी।''

चंदू चुपचाप अपनी ड्रिंक का आनंद लेता रहा।

21 जनवरी, 2008 को भारतीय व अंतरराष्ट्रीय शेयर बाजारों में बड़ी गिरावट आई और अरविंद के शेयर 71.10 से गिरकर 53.95 पर पहुँच गए।

अपनी एक्सेल शीट या इस चित्र को देखें—

चंदू एम.एस. एक्सेल सीट (शेयर जीनियस सॉफ्टवेयर एवं अरविंद लि.)				
दिनांक	बंद कीमत	200 डी.एम.ए.	परिर्वतन	भिन्नता
17 जन., 08	76.3	57.26	19.04	24.95
18 जन., 08	71.1	57.41	13.69	19.26
21 जन., 08	53.95	57.46	-3.51	-6.51
22 जन., 08	41.75	57.45	-15.70	-37.61
23 जन., 08	48.55	57.46	-8.91	-18.36

अतः 21 जनवरी, 2008 को अरविंद के शेयर 200 डी.एम.ए. से –6.51 प्रतिशत नीचे बंद हुए। शेयर 200 डी.एम.ए. से –5 प्रतिशत की गिरावट पर बंद हुए। यह बेचना आरंभ करने का संकेत था।

'पहले आओ, पहले पाओ' के नियम के चलते चंदू पहले लॉट के उन 96 शेयरों को बेचना चाहता था, जो उसने 4 सितंबर, 2007 को @ 52.1 पर खरीदे थे। अत: उसने 21 जनवरी, 2008 को 1 प्रतिशत कम पर 96 शेयर बेचने का सेल ऑर्डर भर दिया। मेरे नियम के अनुसार, जब हम बंद बाजार खरीद ऑर्डर देते हैं तो हमें उसमें 1 प्रतिशत अधिक भाव भरना चाहिए और अगर हम सेल ऑर्डर भरना चाहते हैं तो हमें उसे 1 प्रतिशत कम भाव भरना चाहिए, जिससे बाजार खुलने के ऊँचे या नीचे अंतराल से बचा जा सके।

यहाँ चंदू ने 22 जनवरी, 2008 के अगले कारोबारी सत्र में 96 शेयरों को बेचने के लिए 53.95-0.53 = 53.42 की लिमिट प्राइस भरी।

मैं पहले बता चुका हूँ कि वर्ष 2008 की शेयर बाजार की गिरावट विश्व की सबसे बड़ी गिरावट थी। अत: 22 जनवरी, 2008 को अरविंद के शेयर 49 पर खुले और 52.50 की ऊँचाई को छू गए।

22 जनवरी, 2008 को चंदू की 53.42 की लिमिट प्राइस नहीं आई। यही कारण है कि जब आप अगले दिन बेचना चाहते हों तो मैं बंद भाव से 1 प्रतिशत कम भरने को कहता हूँ।

यह सन् 2008 की सबसे बड़ी शेयर बाजार गिरावट से उत्पन्न असाधारण परिस्थिति थी, अन्यथा अगले कारोबारी सत्र के लिए बंद बाजार लिमिट ऑर्डर के लिए 1 प्रतिशत कम या 1 प्रतिशत अधिक का भाव पर्याप्त होता।

22 जनवरी, 2008 को अरविंद का शेयर 41.75 पर बंद हुआ, जो 200 डी.एम.ए. से -37.61 प्रतिशत नीचे था। ये एक बार में सात लॉट बेचने का संकेत था, एक -5 प्रतिशत, दूसरा -10 प्रतिशत, तीसरा -15 प्रतिशत और इसी तरह तथा अंत में -35 प्रतिशत के लिए सातवाँ लॉट।

सामान्य बाजार में ऐसे हालात कभी नहीं आते, जब मेरा शेयरजीनियस सॉफ्टवेयर एक ही बार में सात लॉट बेचने की सलाह दे। लेकिन वर्ष 2008 की गिरावट एक बड़ी गिरावट थी, जहाँ दो दिनों के भीतर ही शेयरों के भाव 71 से 41 पर पहुँच गए थे।

चंदू ने @41.34 पर बंद बाजार ऑर्डर भर दिया (22 जनवरी के बंद भाव 41.75 से 1 प्रतिशत कम) और अपने सभी 7 लॉट बेच दिए। निम्न तसवीर देखें—

चंदू बैलेश शीट 19 सितंबर, 2005 से				
दिनांक	खरीद	दर @	कुल निवेश	नगद राशि भिन्नता
5 सितं., 07	96	52.01	4992.96	99007.04
14 सितं., 07	92	54.54	5017.68	93989.36
27 सितं., 07	83	60.34	5008.22	93001.14
1 अक्तू., 07	80	62.51	5000.8	88000.34
5 अक्तू., 07	76	65.95	5012.2	82988.14
16 अक्तू., 07	69	73.42	5065.98	77922.16
5 दिसं., 07	61	81.7	4983.7	72938.46
योग	557		35081.54	
दिनांक	खरीद	दर @	कुल निवेश	नगद राशि भिन्नता
23 जन., 08	557	46	25622	98560.46
		कुल हानि	9459.54	

यहाँ आपको विक्रय भाव 41.34 की जगह 46 दिख रहा होगा। 22 जनवरी, 2008 की रात चंदू ने अपना विक्रय ऑर्डर 41.34 की लिमिट प्राइस पर ही भरा था, लेकिन अगले कारोबारी दिवस 23 जनवरी, 2008 को अरविंद का शेयर @46 के भाव पर खुला और एक्सचेंज ने स्वत: ही इसे 46 के खुले भाव पर बेच दिया।

चंदू ने अपने 557 शेयर एक साथ बेच दिए, जिससे उसे 9,459.54 का कुल नुकसान हुआ।

मैं अपने पाठकों को स्पष्ट कर देना चाहता हूँ कि उन्हें निराश नहीं होना चाहिए।

सन् 2008 में शेयर बाजार की गिरावट विश्व का सबसे बड़ा स्टॉक मार्केट क्रैश था। अत: इस उदाहरण द्वारा मैं आपको यह सिखाना चाहता हूँ कि मेरी प्रणाली द्वारा आप कितनी खराब परिस्थितियों का सामना कर सकते हैं।

वैसे 9,459.54 रुपए का नुकसान वास्तव में कोई नुकसान नहीं था। अगर आप मेरी पिछली पुस्तक 'मार्केट में जीत के सिद्धांत' पढ़ेंगे और मेरे 'रिवर्स ट्रेडिंग सिस्टम' सिद्धांत से परिचित होंगे, तब आपको पता चलेगा कि इस तरह के विक्रय को 'रिवर्स ट्रेडिंग सिस्टम' कहते हैं, जहाँ हम अपने पुराने शेयरों को फिर से कम दामों पर खरीद लेते हैं।

इस प्रणाली के माध्यम से आपके शेयरों में गिरावट के बाद भी आपके पास हमेशा नकदी मौजूद रहेगी और जब आपके शेयरों के भाव बढ़ेंगे, तब आप शेयरों के बढ़ने के साथ ही अपने संचित शेयरों की संख्या और अपनी होल्डिंग को बढ़ा सकते हैं।

उदाहरण के लिए, अगर चंदू 31 दिसंबर, 2007 को अपने शेयर उस समय बेच देता, जब इनका भाव 90.55 था तो उसे 23,374.81 का मुनाफा होता। लेकिन यहाँ मैं ट्रेडिंग पद्धति नहीं बता रहा हूँ। मैं वह पद्धति बताना चाहता हूँ, जिससे आप 10+ वर्षों की दीर्घकालिक होल्डिंग के लिए शेयर खरीदते हैं।

ठीक है, अब हम अपनी कहानी आगे बढ़ाते हैं और देखते हैं कि चिंकी के शेयरों का क्या हुआ।

चिंकी के पास 4,663 शेयर थे और 23 जनवरी, 2008 को बाजार गिरने के बाद इसका बंद भाव @48.55 था। चिंकी के शेयरों का बाजार मूल्य 48.55 × 4,663 = 2,26,388.65 था। आपको याद होगा कि 31 दिसंबर, 2007 को इन्हीं शेयरों का बाजार मूल्य 4,22,234.65 था। अत: बाजार गिरने से चिंकी के मुनाफे में 1,22,234.65 की कमी आई और उसका पोर्टफोलियो मुनाफे की जगह –73,611.35 के नुकसान का हो गया।

चंदू ने चिंकी को फोन किया "हेलो चिंकी, तुम ठीक हो?"

चिंकी ने उत्तर दिया, "क्या हुआ, चंदू? मैं बिलकुल ठीक हूँ। तुमने ऐसा क्यों पूछा?"

"चिंकी, तुम्हें शेयर बाजार में लगभग 2 लाख रुपए का नुकसान हुआ है (1.22 अनुमानित लाभ और 0.73 लाख मूल राशि)। मुझे तुम्हारी चिंता हो रही थी।" चंदू ने कहा।

"अरे चंदू, मेरे निवेश के बारे में भूल जाओ, क्योंकि मैं वॉरेन बफे की तरह दीर्घावधिक निवेशक हूँ। लेकिन तुम्हारे निवेश का क्या हुआ?"

"चिंकी, आज मैंने अपने सभी 557 शेयर @46 पर बेच दिए और अपना 9,459.54 रुपए का नुकसान बुक कर दिया; क्योंकि महेश कौशिकजी का सॉफ्टवेयर मेरे सभी 7 लॉट के लिए विक्रय का संकेत दे रहा था। मुझे लगता है कि यह बड़ी गिरावट का संकेत है और निकट भविष्य में शेयरों के भावों में फिर से बढ़ोतरी नहीं होने वाली। इस तरह मुझे इन्हें कम भाव पर पुनः खरीदने का अवसर मिल जाएगा।"

"हा-हा-हा!" चिंकी हँसने लगी।

"तुम हँस क्यों रही हो?" चंदू ने पूछा।

"मुझे लगता है कि तुम्हारा मूर्ख गुरु एक दिन तुम्हें बड़े नुकसान में डुबो देगा; क्योंकि आज अरविंद से शेयरों के दाम फिर से बढ़ गए हैं। यह @48.55 पर बंद हुआ, जो तुम्हारे 46 रुपए के विक्रय भाव से 2.55 रुपए अधिक है। अगर अब भी तुम उनके पीछे लगे रहे तो तुम्हें ऐसे नुकसान बार-बार होते रहेंगे।" चिंकी ने उत्तर दिया।

"नहीं चिंकी, मुझे ऐसा नहीं लगता। मुझे लगता है कि तुम्हें भी अपने 4,663 शेयर बेच देने चाहिए और महेश कौशिकजी की रिवर्स ट्रेडिंग सिस्टम से अपना नुकसान बुक कर लो; क्योंकि हो सकता है, तुम्हें भी इन्हें कम भाव पर फिर से खरीदने का अवसर मिल जाए।" चंदू ने सलाह दी।

"बिलकुल नहीं, चंदू। मैं तुम्हारे गुरु जैसी बेवकूफ नहीं हूँ। मैं वॉरेन बफे जैसी दीर्घावधिक निवेशक हूँ और मेरा अपने शेयरों को 10+

वर्षों तक रखने का विचार है। इसलिए मुझे परवाह नहीं कि अभी मेरे शेयरों के भाव और भी कम हो जाएँ।'' चिंकी ने उत्तर दिया।

''ठीक है चिंकी, गुड नाइट।''

''गुड नाइट और शुभकामनाएँ।'' चिंकी ने कहा।

❑

चंदू और चिंकी का तीन वर्षीय रिटर्न

19 सितंबर, 2008 को चंदू और चिंकी फिर से एक होटल में मिले। चंदू ने दोनों के लिए आइसक्रीम कोन ऑर्डर किए।

यहाँ हम 19 सितंबर, 2008 को अरविंद के शेयरों की हालत देखते हैं—

चंदू एम.एस. एक्सेल सीट (शेयर जीनियस सॉफ्टवेयर एवं अरविंद लि.)				
दिनांक	बंद कीमत	200 डी.एम.ए.	परिर्वतन	भिन्नता
16 सितं., 08	27.85	48.65	-20.80	-74.67
17 सितं., 08	27.15	48.42	-21.27	-78.35
18 सितं., 08	26.8	48.19	-21.39	-79.82
19 सितं., 08	27.6	47.96	-20.36	-73.78
22 सितं., 08	27.35	47.73	-20.38	-74.50

चिंकी के पोर्टफोलियो का मूल्य है—4,663×27.60 = 1,28,698.80 फिलहाल चिंकी 3,00,000–1,28,698.80—1,71,301.20 के नुकसान में है और चंदू के पास उसकी शेष नकद राशि 98,560.46 है, और इस नकद जमा पर उसे एक साल में बचत खाते पर मिलनेवाला 4 प्रतिशत ब्याज मिला है। 19 सितंबर, 2007 से 19 सितंबर, 2008 के बीच यह राशि 3,615.47 रुपए रही।

19 सितंबर, 2008 को

चंदू के पास कुल नकद 98,560.46 + 3,615.47 = 1,02,175.93 रुपए थे। तो सन् 2008 में शेयर बाजार की सबसे बड़ी गिरावट में चंदू को क्या नुकसान हुआ?

चंदू ने 1 लाख रुपए निवेश किए थे। उसके नुकसान की पूर्ति बचत खाते में रखे नकद पर मिले ब्याज से हो गई। वह हर रात निश्चिंत होकर सोता है। उसे अपने अरविंद के शेयरों में गिरावट की कोई चिंता नहीं, जो नए साल में हर महीने के साथ कम होता जा रहा है।

इस कहानी द्वारा मैं क्या सीख देना चाहता हूँ?

सीख—मंदी के दौरान शेयरों को लेकर बैठे रहने से अच्छा नकद को अपने पास रखना है। यह कहानी सिखाती है कि शेयरों में 200 डी.एम.ए. के सरल तकनीकी अनुपात द्वारा मंदी और तेजी को कैसे पहचाना जाए।

चिंकी ने अब चंदू से पूछा, ''चंदू, क्या मैं अब नुकसान में बेच दूँ?''

''नहीं चिंकी, दो-तीन साल की होल्डिंग के बाद अब नुकसान उठाकर बेचना बेवकूफी भरा कदम होगा; क्योंकि यहाँ से अगर शेयर फिर उठ गया तो तुम ठगा हुआ महसूस करोगी।''

''लेकिन मैं अपनी कुल संपत्ति को और घटते नहीं देख सकती। यह दिनोंदिन कम होता जा रहा है और अब मेरी कुल संपत्ति 4.22 लाख से घटकर सिर्फ 1.28 लाख रह गई है। कितना दु:ख होता है! जहाँ तुम ब्याज का सुख लेते हुए शांति से सोते हो, मैं रोजाना अपने शेयरों के दाम देखती रहती हूँ और नए साल में इन्हें हर बार घटता देख मेरा दिल बैठ जाता है।'' यह कहकर चिंकी ने गहरी साँस भरी।

''चिंकी, निराश मत हो। तुम तो वॉरेन बफे की तरह 10+ वर्षों वाली दीर्घावधिक निवेशक हो तो फिर तीन ही साल में चिंतित क्यों होती हो?'' चंदू ने पूछा।

''चंदू, मेरे जख्मों पर नमक मत छिड़को। मैं वॉरेन बफे को भूल

चुकी हूँ। मैं सोच रही हूँ कि अपने सारे शेयर बेच दूँ और इस कार्य में तुम्हारी शेयरजीनियस पद्धति का पालन करूँ।" चिंकी ने कहा।

"ठीक है, चिंकी। अगर तुम पूरी ईमानदारी से इस पद्धति का अनुपालन करना चाहती हो तो तुम नुकसान में अपने शेयर बेच दो और अपनी शेष धनराशि को महेश कौशिकजी की पद्धति से निवेशित करो।" चंदू ने उत्तर दिया।

"लेकिन इतना बड़ा नुकसान उठाकर बेचने की मेरी हिम्मत नहीं हो रही। मैं दो महीने और रुकना चाहती हूँ। अगर दो महीनों में शेयर में फिर से उछाल नहीं आता तो मैं इन्हें नुकसान में ही बेच दूँगी।" चिंकी ने निर्णय लिया।

"लेकिन चिंकी, दो महीने रुकने से खतरा और बढ़ जाएगा, और अगर आनेवाले दो महीनों में शेयर के भाव और गिर गए तो क्या होगा?" चंदू ने पूछा।

"इन हालात में मैं अपनी स्थिति पर एक टी.वी. शो पर बात करूँगी, जहाँ निवेशकों के प्रश्नों के उत्तर मशहूर तकनीक विश्लेषक श्री क-ख-ग देते हैं। मशहूर तकनीकी विश्लेषक श्री क-ख-ग जो सलाह देंगे, मैं उसी हिसाब से फैसला लूँगी।"

"चिंकी, तुम इस बारे में महेश कौशिकजी से सलाह क्यों नहीं लेतीं?"

"चंदू, बीते आठ माह से यह काफी धीमा चल रहा है। उनका सॉफ्टवेयर अरविंद के शेयरों को फिर से खरीदने की सलाह नहीं देगा। वहीं मेरे कुछ दोस्त श्री क-ख-ग की सलाह पर इंट्रा-डे खेलकर रोजाना नकद कमाई कर रहे हैं।"

चंदू ने कहा, "ठीक है, गुड नाइट।" और अपनी बाइक स्टार्ट की तथा वहाँ से चल दिया।

❑

श्री क-ख-ग की चिंकी को सलाह

दो महीने में अरविंद के शेयरों के भाव और कम हो गए। 19 नवंबर, 2008 को बाजार बंद होने तक अरविंद के शेयरों का भाव मात्र 13.98 रह गया था।

चंदू एम.एस. एक्सेल सीट (शेयर जीनियस सॉफ्टवेयर एवं अरविंद लि.)				
दिनांक	बंद कीमत	200 डी.एम.ए.	परिवर्तन	भिन्नता
14 नवं., 08	16.82	37.22	-20.40	-121.27
17 नवं., 08	15.74	37.05	-21.31	-135.41
18 नवं., 08	14.35	36.90	-22.55	-157.12
19 नवं., 08	13.98	36.70	-22.72	-162.53
20 नवं., 08	13.49	36.51	-23.02	-170.67
21 नवं., 08	14.03	36.33	-22.30	-158.95

चिंकी ने उस मशहूर टी.वी. प्रोग्राम में फोन किया, जहाँ श्री क-ख-ग अपनी तालिकाओं में देखकर निवेशकों की समस्याएँ सुलझाते थे। चिंकी ने उनसे कहा, ''हेलो सर, मेरा नाम चिंकी है। मैं आपकी बहुत बड़ी फैन हूँ। सर, मैंने 64.33 रुपए प्रति शेयर के औसत भाव में अरविंद मिल्स के 4,665 शेयर खरीदे थे। आज यह शेयर सिर्फ 13.98 पर बंद

हुआ है। अब मुझे क्या करना चाहिए?''

श्री क-ख-ग ने उत्तर दिया, ''साप्ताहिक और दैनिक तालिकाओं में शेयर कमजोर दिख रहा है, आर.एस.आई. नेगेटिव है और वार्षिक तालिका में लोअर टॉप और हायर बॉटम के हालात दिख रहे हैं। मुझे लगता है, यह शेयर अभी और गिरेगा। मेरी सलाह है कि आप नुकसान में बिकवाली कर इसी स्तर पर बाहर निकल जाएँ।''

कार्यक्रम के संचालक ने यह कहकर चिंकी के जले पर नमक और छिड़क दिया कि ''चिंकी, आप अपनी खरीद पर स्टॉप लॉस क्यों नहीं लगा देतीं?''

चिंकी ने फोन काट दिया। उसके पास इस बात का कोई जवाब नहीं था कि उसने स्टॉप लॉस क्यों नहीं लगाया।

अगले दिन चिंकी ने अपने सारे 4,665 शेयर @13.55 की दर से बेचे और 63,210.75 रुपए ले लिये। अरविंद के शेयर कारोबार में उसे 2,36,790 रुपए का नुकसान हुआ और इसी के साथ उसने शेयर बाजार में निवेश को अलविदा कह दिया।

अब मैं यहाँ एक बात कहना चाहूँगा।

टी.वी. वाले विश्लेषक गलत नहीं थे। उन्होंने ठीक ही कहा था कि 'साप्ताहिक और दैनिक तालिकाओं में शेयर कमजोर दिख रहा है, आर.एस.आई. नेगेटिव है और वार्षिक तालिका में लोअर टॉप और हायर बॉटम के हालात दिख रहे हैं। मुझे लगता है, यह शेयर अभी और गिरेगा।...'

उन्होंने ट्रेडिंग के उद्देश्य से अपना दृष्टिकोण बताया था, न कि दस वर्षीय दृष्टिकोण से मौलिक सलाह दी थी।

उनकी तालिका बिलकुल ठीक थी, क्योंकि 13 सितंबर, 2008 के बाद भी इस शेयर में गिरावट बनी रही और आनेवाले चार महीनों में यह 11.20 पर आ गया। 12 मार्च, 2009 के भाव देखिए—

चंदू एम.एस. एक्सेल सीट (शेयर जीनियस सॉफ्टवेयर एवं अरविंद लि.)				
दिनांक	बंद कीमत	200 डी.एम.ए.	परिर्वतन	भिन्नता
5 मार्च, 09	11.6	25.84	-14.24	-122.76
6 मार्च, 09	11.31	25.65	-14.34	-126.76
9 मार्च, 09	11.13	25.44	-14.31	-128.59
12 मार्च, 09	11.2	25.24	-14.04	-125.36
13 मार्च, 09	11.77	25.04	-13.27	-112.73

इसलिए विश्लेषक गलत नहीं थे; चिंकी ने उनकी सलाह को गलत समझा था।

❑

चंदू का अरविंद लि. में पुनः निवेश करना

यहाँ से कहानी का उत्तरार्द्ध आरंभ होता है। चिंकी ने अपने शेयर नुकसान में बेचे और निर्णय लिया कि अब वह शेयर बाजार में कभी निवेश नहीं करेगी। उसका मानना था कि छोटे निवेशकों के लिए शेयर बाजार जोखिमपूर्ण है।

चंदू ने मेरे सॉफ्टवेयर में प्रविष्टियाँ करना जारी रखा। हर रात चंदू अपनी एक्सेल शीट में बंद भाव भरता और फॉर्मूले को और नीचे तक कर देता। इस काम में उसे प्रतिदिन मुश्किल से 5 मिनट लगते थे।

अगर आप प्रतिदिन 5 मिनट एक्सेल शीट में फॉर्मूला भरने के लिए नहीं निकाल सकते तो यह पुस्तक आपके लिए नहीं है। यहीं पढ़ना बंद करें, अमेजन की वेबसाइट पर जाएँ और नकारात्मक समीक्षा लिख दें कि महेश कौशिक ने आपको एक थर्ड क्लास का विचार बेच दिया। (मुझे पता है कि आप ऐसा नहीं करेंगे। अगर आप इस पृष्ठ तक आ गए हैं और पिछली कहानी पढ़ चुके हैं तो इसी से स्पष्ट हो जाता है कि आप में इस विचार को पचाने की क्षमता मौजूद है।)

अगर आप अपने एक्सेल सॉफ्टवेयर पर प्रतिदिन 5 मिनट लगाने के लिए तैयार हैं तो इस पुस्तक का उत्तरार्द्ध आपके मस्तिष्क को प्रकाशित कर देगा और कोई भी आपको आनेवाले दस वर्षों में करोड़पति बनने से नहीं रोक सकता।

पहले से डाउनलोड की गई अपनी एक्सेल शीट में देखिए—

चंदू एम.एस. एक्सेल सीट (शेयर जीनियस सॉफ्टवेयर एवं अरविंद लि.)				
दिनांक	बंद कीमत	200 डी.एम.ए.	परिर्वतन	भिन्नता
15 मई, 09	18.4	20.48	-2.08	-11.29
18 मई, 09	20.95	20.42	0.53	2.54
19 मई, 09	19.65	20.36	-0.71	-3.61
20 मई, 09	23.25	20.32	2.93	12.61
21 मई, 09	24.45	20.28	4.17	17.04
22 मई, 09	26.3	20.26	6.04	22.98
25 मई, 09	27.95	20.24	7.71	27.59
26 मई, 09	26.55	20.21	6.34	23.88
27 मई, 09	31.8	20.20	11.60	36.48
28 मई, 09	32.15	20.19	11.96	37.20
29 मई, 09	34.2	20.19	14.01	40.97
1 जून, 09	33.2	20.18	13.02	39.23

18 मई, 2009 को शेयर 200 डी.एम.ए. से 2.54 प्रतिशत बढ़कर बंद हुआ। इसके पूर्व शेयर डेढ़ साल के लंबे समय तक 200 डी.एम.ए. से नीचे रहा था, लेकिन अगले ही दिन 19 मई, 2009 को शेयर का भाव फिर से गिरा और डी.एम.ए. से –3.61 प्रतिशत नीचे आ गया।

20 मई, 2009 को शेयर अपने 200 डी.एम.ए. से 12.61 प्रतिशत अधिक पर बंद हुआ। अत: 200 डी.एम.ए. में वेरिएशन प्रतिशत पुन: (–) से (+) में आ गया। जैसा कि मैंने पुस्तक के अध्याय 6 में बताया है

"जब भी तुम्हारा शेयर 200 डी.एम.ए. के प्रतिशत वेरिएशन में ऋणात्मक (–) से धनात्मक (+) हो तो तुम्हें हर बार इसे आरंभिक बिंदु मानना होगा। यानी कि अगर तुम्हारे शेयर 200 डी.एम.ए. के प्रतिशत

वेरिएशन में (-) से सुधार होकर (+) प्रतिशत वेरिएशन में आ जाए, तब आपको अपने लिए एक लॉट खरीद लेना है (अपनी कुल रकम का एक भाग निवेश करना)।''

तो चंदू ने 10,000 रुपए निवेश कर दिए। (अपनी कुल पूँजी के दो भाग निवेशित किए। पहला 5 प्रतिशत और दूसरा 10 प्रतिशत बढ़ने के कारण, क्योंकि इस बार शेयर 200 डी.एम.ए. से 12.61 प्रतिशत से अधिक पर बंद हुआ था।)

20 मई, 2009

बंद भाव 23.25

200 डी.एम.ए. से 12.61 प्रतिशत अधिक

अब समय था 5 प्रतिशत+ और 10 प्रतिशत बढ़त के ऑर्डर का।

426 शेयर @23.48 (23.25 + 0.23) पर ऑर्डर किए।

अगले दिन 21 मई, 2009 को बाजार खुलने पर एक्सचेंज ने चंदू की खरीद को निष्पादित कर दिया और 21 मई, 2009 को चंदू के पास 426 शेयर आ गए।

नया निवेश—426 × 23.48 = 10,002.48

21 मई, 2009 को कुल शेयर—426

नकद शेष—1,02,175.93 - 10,002.48 = 92,173.45

गणना में आसानी के लिए इन उदाहरणों में मैंने दलाली को शामिल नहीं किया है।

पूरी एक्सेल शीट देखने पर आपको ज्ञात होगा कि 20 मई, 2009 के बाद से यह शेयर दिनोंदिन निरंतर बढ़ता जा रहा है। यह आठ दिनों के भीतर ही 200 डी.एम.ए. से 40 प्रतिशत अधिक हो गया है।

मैं यहाँ उन पाठकों के लिए चित्र दे रहा हूँ, जिन्होंने अभी तक पूरी एक्सेल शीट डाउनलोड नहीं की है—

चंदू एम.एस. एक्सेल सीट (शेयर जीनियस सॉफ्टवेयर एवं अरविंद लि.)				
दिनांक	बंद कीमत	200 डी.एम.ए.	परिवर्तन	भिन्नता
15 मई, 09	18.4	20.48	-2.08	-11.29
18 मई, 09	20.95	20.42	0.53	2.54
19 मई, 09	19.65	20.36	-0.71	-3.61
20 मई, 09	23.25	20.32	2.93	12.61
21 मई, 09	24.45	20.28	4.17	17.04
22 मई, 09	26.3	20.26	6.04	22.98
25 मई, 09	27.95	20.24	7.71	27.59
26 मई, 09	26.55	20.21	6.34	23.88
27 मई, 09	31.8	20.20	11.60	36.48
28 मई, 09	32.15	20.19	11.96	37.20
29 मई, 09	34.2	20.19	14.01	40.97
1 जून, 09	33.2	20.18	13.02	39.23

21 मई, 2009 को

बंद भाव 24.45

200 डी.एम.ए. से 17.04 प्रतिशत अधिक

अब समय था 15 प्रतिशत बढ़त के ऑर्डर का।

203 शेयर @24.69 (24.45 + 0.24) पर ऑर्डर किए गए।

अगले दिन 22 मई, 2009 को बाजार खुलने पर एक्सचेंज ने चंदू की खरीद को निष्पादित कर दिया और 22 मई, 2009 को चंदू ने 203 शेयर खरीद लिये।

नया निवेश—203 × 24.69 = 5,012.07

22 मई, 2009 को कुल शेयर—629

नकद शेष—92,173.45 - 50,12.07 = 87,161.38

गणना में आसानी के लिए इन उदाहरणों में मैंने दलाली को शामिल नहीं किया है।

22 मई, 2009 को चंदू के पास अरविंद के कुल 629 शेयर थे, जिनका बाजार मूल्य 15,530.01 था। इस समय चंदू 515.46 रुपए के शुद्ध लाभ में था।

22 मई, 2009 को

बंद भाव 26.3

200 डी.एम.ए. से 22.98 प्रतिशत अधिक

अब समय था 20 प्रतिशत बढ़त के ऑर्डर का।

189 शेयर @26.56 (26.3 + 0.26) पर ऑर्डर किए गए।

23 मई, 2009 और 24 मई, 2009 को बाजार में छुट्टी थी। इसके अगले दिन 25 मई, 2009 को बाजार खुलने पर एक्सचेंज ने चंदू के खरीद आदेश को निष्पादित कर दिया और 25 मई, 2009 को चंदू ने 189 शेयर खरीद लिये।

नया निवेश—189 × 26.56 = 5,019.84

25 मई, 2009 को कुल शेयर—818

नकद शेष—87,161.38 - 5,019.84 = 82,141.54

गणना में आसानी के लिए इन उदाहरणों में मैंने दलाली को शामिल नहीं किया है।

25 मई, 2009 को चंदू के पास अरविंद के कुल 818 शेयर थे, जिनका बाजार मूल्य 21,726.08 था। इस समय चंदू 1,691.69 रुपए के शुद्ध लाभ में था।

25 मई, 2009 को

बंद भाव 27.95

200 डी.एम.ए. से 27.59 प्रतिशत अधिक

अब समय था 25 प्रतिशत बढ़त के ऑर्डर का।

177 शेयर @22.22 (27.95 + 0.27) पर ऑर्डर किए गए।

अगले कारोबारी दिवस को एक्सचेंज ने चंदू का ऑर्डर निष्पादित कर दिया।

नया निवेश—177 × 28.22 = 4,994.94

26 मई, 2009 को कुल शेयर—995

नकद शेष—82,141.54 - 4,994.94 = 77,146.6

गणना में आसानी के लिए इन उदाहरणों में मैंने दलाली को शामिल नहीं किया है।

26 मई, 2009 को चंदू के पास अरविंद के कुल 995 शेयर थे, जिनका बाजार मूल्य 28,078.9 था। इस समय चंदू 3,049.57 रुपए के शुद्ध लाभ में था।

मुनाफा बढ़ाना इस पद्धति का सबसे शानदार भाग है।

जब भी आप मेरी पद्धति से अपनी होल्डिंग बढ़ाते हैं, आपका शुद्ध लाभ भी बढ़ता जाता है।

27 मई, 2009 को

बंद भाव 31.8

200 डी.एम.ए. से 36.48 प्रतिशत अधिक—

अब समय था 30 प्रतिशत और 35 प्रतिशत बढ़त के ऑर्डर का।

311 शेयर @32.11 (31.8 + 0.31) पर ऑर्डर किए गए।

28 मई, 2009 को यह ऑर्डर निष्पादित कर दिया गया।

नया निवेश—311 × 32.11 = 9,986.21

28 मई, 2009 को कुल शेयर—1,306

नकद शेष—77,146.6 - 9,986.21 = 67,160.39

गणना में आसानी के लिए इन उदाहरणों में मैंने दलाली को शामिल नहीं किया है।

28 मई, 2009 को चंदू के पास अरविंद के कुल 1,306 शेयर

थे, जिनका बाजार मूल्य 41,935.66 था। इस समय चंदू का शुद्ध लाभ 6,920.12 रुपए था।

29 मई, 2009 को

बंद भाव 34.2

200 डी.एम.ए. से 40.97 प्रतिशत अधिक

अब समय था 40 प्रतिशत बढ़त के ऑर्डर का

145 शेयर @34.54 (34.2 + 0.34) पर ऑर्डर किए गए

30 व 31 मई, 2009 को बाजार की छुट्टी थी। अत:1 जून, 2009 को यह ऑर्डर निष्पादित कर दिया गया।

नया निवेश = 145 × 34.54 = 5,008.3

1 जून, 2009 को कुल शेयर = 1,451

नकद शेष = 67,160.39 – 5,008.3 = 62,152.09

गणना में आसानी के लिए इन उदाहरणों में मैंने दलाली को शामिल नहीं किया है।

1 जून 09 को चंदू के पास अरविंद के कुल 1,451 शेयर थे, जिनका बाजार मूल्य 50,117.54 था। अत: चंदू 10,093.70 रुपए के शुद्ध लाभ में था।

अत: जब भी नई खरीद या बिक्री के लिए उचित समय आरंभ होगा, आपकी एक्सेल शीट स्वत: ही बता देगी कि आपको कब खरीदना है और कब बेचना है।

इस पद्धति पर चलकर चंदू ने दस दिनों के भीतर 10,093.70 रुपए का सुरक्षित लाभ कमाया।

यहाँ मैं अनुमानित लाभ को 'सुरक्षित लाभ' कह रहा हूँ; क्योंकि अगर शेयरों के भाव फिर से गिर जाते हैं तो एक्सेल शीट स्वत: ही आपको बेचने का संदेश दे देगी और आप इतने न्यूनतम नुकसान के साथ बाहर निकल सकेंगे, जिसे मेरे 'रिवर्स ट्रेडिंग सिस्टम सिद्धांत' में नुकसान नहीं माना जाता।

❑

रिवर्स ट्रेडिंग सिस्टम सिद्धांत

अगर आपने मेरी पिछली पुस्तक खरीदी है और उसमें अध्याय 10 'रिवर्स ट्रेडिंग सिस्टम' पढ़ा होगा तो आप यह भी जानते होंगे कि रिवर्स ट्रेडिंग का यह सिद्धांत संभवत: आपको नुकसान से बचा सकता है।

मैं इस सिद्धांत से अपरिचित नए पाठकों के लिए इस प्रणाली को सार रूप में लिख रहा हूँ।

जब आप नुकसानदेह निवेश में फँस चुके हों तो उस साल के सबसे ऊँचे और सबसे नीचे भाव का अनुपात निकालिए। यदि उस साल शेयर में सबसे ऊँचे भाव से 50 प्रतिशत तक की गिरावट आई हो, यानी वर्ष के सबसे ऊँचे और नीचे भाव का अनुपात 2 से अधिक हो तो यह लंबी मंदी के रुझान का संकेत है। उस समय शेयर बेच दीजिए। इसके कुछ साल बाद जिस वर्ष ऊँचे/नीचे भाव का अनुपात 1.5 से कम हो, उस समय आप उसी मात्रा में शेयरों को पुन: खरीद सकते हैं।

यहाँ चंदू और चिंकी की पुस्तक में हमने रिवर्स ट्रेडिंग सिद्धांत को 200 डी.एम.ए. द्वारा संशोधित किया है, जिससे उस साल का सबसे ऊँचा/नीचा भाव पता लगाना और भी आसान हो गया है।

संशोधित रिवर्स ट्रेडिंग सिस्टम—200 डी.एम.ए. से हर 5 प्रतिशत की गिरावट पर अपने शेयरों का एक हिस्सा बेच दीजिए और 200 डी.एम.ए. में हर 5 प्रतिशत चढ़ने पर उन्हें फिर से खरीद लीजिए।

उदाहरण के लिए, जब चंदू की होल्डिंग वाले अरविंद के 557 शेयरों में 200 डी.एम.ए. से नीचे गिरे तो उसने अपने शेयर @46 पर बेच दिए और इस घाटे की बिक्री से उसे 25,622 रुपए नकद प्राप्त हुए।

चंदू बैलेश शीट 19 सितंबर, 2005 से				
दिनांक	खरीद	दर @	कुल निवेश	नगद राशि भिन्नता
5 सितं., 07	96	52.01	4992.96	99007.04
14 सितं., 07	92	54.54	5017.68	93989.36
27 सितं., 07	83	60.34	5008.22	93001.14
1 अक्तू., 07	80	62.51	5000.8	88000.34
5 अक्तू., 07	76	65.95	5012.2	82988.14
16 अक्तू., 07	69	73.42	5065.98	77922.16
5 दिसं., 07	61	81.7	4983.7	72938.46
योग	557		35081.54	
दिनांक	खरीद	दर @	कुल निवेश	नगद राशि भिन्नता
23 जन., 08	557	46	25622	98560.46
		कुल हानि	9459.54	

लेकिन जैसे ही अरविंद के शेयर चढ़ने शुरू हुए, चंदू ने वे 557 शेयर लगभग 24 रुपए के भाव पर खरीद लिये। (इस पुस्तक के पिछले अध्याय फिर से पढ़िए। चंदू ने 476 शेयर 23.48 और 203 शेयर 24.69 के भाव पर खरीदे, जिससे 557 शेयरों का औसत भाव लगभग 24 रुपए बनता है।)

इन 557 शेयरों को बेचने से चंदू को 25,622 रुपए प्राप्त हुए और उसने उन 557 शेयरों को फिर से खरीदने के लिए 557 × 24 = 13,368 रुपए का निवेश किया।

अत: वास्तव में इस सौदे में चंदू को 25,622−13,368 = 12,254 रुपए की कमाई हुई।

शुरुआत में हमें लगा कि अपने शेयर नुकसान में बेचने के कारण चंदू को 9,459.54 रुपए का नुकसान हुआ है, लेकिन वास्तव में चंदू को रिवर्स ट्रेड करने से 12,254 रुपए की कमाई हुई थी। इस सौदे ने उसके नुकसान की भरपाई कर दी।

अगर आप मेरी शेयरजीनियस ट्रेड प्रणाली की मदद से ट्रेड करते हैं तो आपको प्रतिदिन केवल 5 मिनट देने होंगे और आप शेयरों में तनाव-रहित सुरक्षित निवेश का आनंद ले सकेंगे। लेकिन यह कहानी यहीं पर समाप्त नहीं होती। सीखने की इस प्रक्रिया को हम अगले अध्यायों में भी जारी रखेंगे।

❑

चंदू और चिंकी का चार वर्षीय रिटर्न

29 मई, 2009 के बाद अरविंद लि. के शेयर सीमित अंकों में स्थिर रहे। 19 सितंबर, 2009 तक शेयरों में 21 से 37 की सीमा के भीतर ही उतार-चढ़ाव होता है।

इन साढ़े तीन महीनों में चंदू रोजाना अपनी एक्सेल शीट खोलता, बंद भाव डाटा भरता, फॉर्मूले को कॉपी करता और 200 डी.एम.ए. के अनुसार प्रतिशत वेरिएशन पर नजर डालता। इन साढ़े तीन महीनों में चंदू ने देखा कि वे शेयर न तो 200 डी.एम.ए. में 40 प्रतिशत से अधिक हुए और न ही उनमें अधिक गिरावट आई। इसलिए चंदू के लिए ये तीन महीने ठंडे रहे।

इन साढ़े तीन महीनों में उसने अरविंद के 1,451 शेयर होल्ड पर रखे। इस दौरान उसने न तो कोई शेयर खरीदा और न ही कोई शेयर बेचा, क्योंकि उसके सॉफ्टवेयर ने बेचने या खरीदने का कोई संकेत नहीं दिया था।

कृपया अपनी पहले डाउनलोड की एक्सेल शीट देखिए।

17 सितंबर, 2009 को अरविंद का शेयर 200 डी.एम.ए. से 45.54 प्रतिशत अधिक पर बंद हुआ। यह 45 प्रतिशत + बढ़त के ऑर्डर को पूरा करने का समय था।

17 सितंबर, 2009 के हालात समझने के लिए यह चित्र देखें—

चंदू एम.एस. एक्सेल सीट (शेयर जीनियस सॉफ्टवेयर एवं अरविंद लि.)				
दिनांक	बंद कीमत	200 डी.एम.ए.	परिर्वतन	भिन्नता
14 सितं., 09	34.85	20.97	13.88	39.83
15 सितं., 09	35.25	21.08	14.17	40.21
16 सितं., 09	37.2	21.19	16.01	43.03
17 सितं., 09	39.15	21.32	17.83	45.54
18 सितं., 09	38.75	21.44	17.31	44.66
22 सितं., 09	38.7	21.57	17.13	44.27
23 सितं., 09	37.1	21.68	15.42	41.55

17 सितंबर, 2009 को

बंद भाव 39.15

200 डी.एम.ए. से 45.54 प्रतिशत अधिक

अब समय था 45 प्रतिशत बढ़त के ऑर्डर का।

127 शेयर @39.54 (39.15 + 0.39) पर ऑर्डर किए गए।

अगले कारोबारी दिवस (18 सितंबर, 2009) को चंदू का ऑर्डर निष्पादित हो गया और चंदू ने 127 शेयर खरीद लिये।

नया निवेश—127 × 39.54 = 5,021.58

18 सितंबर, 2009 को कुल शेयर—1,578

नकद शेष—62,152.09 - 5,021.58 = 57,130.51

गणना में आसानी के लिए मैंने इन उदाहरणों में दलाली को शामिल नहीं किया है।

18 सितंबर, 2009 को चंदू के पास अरविंद के कुल 1,578 शेयर थे, जिनका बाजार मूल्य 62,394.12 था। इस समय चंदू का शुद्ध लाभ 17,348.70 रुपए था।

19 सितंबर, 2009 को चंदू और चिंकी के निवेश को चार साल पूरे

हो चुके थे। इस बीच पिछले साल चंदू ने अपने बचत खाते में 4 प्रतिशत ब्याज के तौर पर 3,520.01 रुपए भी प्राप्त किए।

चंदू ने चिंकी को बीते चार वर्षों के निवेश की समीक्षा के लिए आमंत्रित किया।

चंदू ने कहा, ''चिंकी, अब मेरे पास अरविंद लि. के 1,578 शेयर हैं, जिनका बाजार मूल्य 62,394.12 है और मेरी कुल नकद 60,650.52 (57,130.51 + 3,520.01 ब्याज के रूप में सुरक्षित) है। अतः मेरी कुल संपत्ति 1,23,044.64 है।''

चिंकी ने उत्तर दिया, ''अच्छा है, चंदू; लेकिन मुझे लगता है कि अब तुम्हें प्रॉफिट बुक कर लेना चाहिए। अगर बाजार कहीं फिर से गिर गया तो जनवरी 2008 की तरह तुम्हारा सारा मुनाफा हवा हो जाएगा।''

''नहीं चिंकी, तुम्हें फिर से निवेश करना आरंभ करना चाहिए; क्योंकि अगर तुम्हारा सपना सच हो गया तो तुम भी अपने 2,36,790 रुपए के नुकसान की वसूली कर सकती हो।''

''नहीं चंदू, मैंने शेयर बाजार को अलविदा कह दिया है, और मुझे लगता है कि इस शेयर के हिसाब से सी.एम.पी. 39 बहुत ऊँचाई पर है, क्योंकि कुछ ही महीनों पहले यह शेयर 12 रुपए में मिल रहा था। मुझे लगता है कि यह शेयर अभी 12 रुपए से भी नीचे जाएगा। तब मैं ऐसा करने पर विचार करूँगी। हो सकता है कि इस शेयर के 12 रुपए से नीचे आने पर मैं फिर से निवेश करना आरंभ कर दूँ।''

कुल मिलाकर चिंकी ने फिर से निवेश आरंभ करने से इनकार कर दिया और चंदू प्रॉफिट बुक करने के लिए तैयार नहीं हुआ और इस तरह उसने मेरे सॉफ्टवेयर का अनुशासन तोड़ दिया।

अब देखते हैं कि आनेवाले वर्षों में क्या होता है।

❑

ऋणात्मक से धनात्मक की ओर सुधार : नया आरंभिक बिंदु

19 सितंबर, 2009 से 12 मार्च, 2010 तक अरविंद लि. में पुन: सीमित गतिशीलता रही।

इन छह महीनों में शेयर 200 डी.एम.ए. से न तो 50 प्रतिशत से ऊपर गया, जो चंदू का अगली खरीद स्तर था और न ही इसमें 200 डी.एम.ए. से गिरावट आई।

15 मार्च, 2010 को दुर्भाग्यवश, शेयर 33.25 प्रतिशत पर बंद हुआ, जो 200 डी.एम.ए. से 1.5 प्रतिशत नीचे था। अपनी एक्सेल शीट या नीचे दिए गए चित्र में देखिए।

चंदू एम.एस. एक्सेल सीट (शेयर जीनियस सॉफ्टवेयर एवं अरविंद लि.)				
दिनांक	बंद कीमत	200 डी.एम.ए.	परिर्वतन	भिन्नता
12 मार्च, 10	33.8	33.72	0.08	0.23
15 मार्च, 10	33.25	33.75	-0.50	-1.50
16 मार्च, 10	33.85	33.78	0.07	0.19
17 मार्च, 10	33.65	33.79	-0.14	-0.43
18 मार्च, 10	34.65	33.81	0.84	2.44

19 मार्च, 10	35.7	33.81	1.89	5.28
22 मार्च, 10	34.5	33.82	0.68	1.97

अब चंदू बेचने के लिए बंद भाव के –5 प्रतिशत होने का इंतजार करने लगा। लेकिन यह बिंदु आने के पूर्व ही शेयर में एक बार फिर उछाल आया और 19 मार्च, 2010 को वह 5.28 प्रतिशत बढ़कर बंद हुआ।

अगर आपने इस पुस्तक को गंभीरता से पढ़ा है तो आपको याद होगा कि इस पुस्तक के अध्याय 6 में मैंने आपसे कहा था—

''जब भी तुम्हारा शेयर 200 डी.एम.ए. के प्रतिशत वेरिएशन में ऋणात्मक (–) से धनात्मक (+) हो तो तुम्हें हर बार इसे आरंभिक बिंदु मानना होगा। यानी कि अगर तुम्हारे शेयर 200 डी.एम.ए. के प्रतिशत वेरिएशन में (–) से सुधार होकर (+) प्रतिशत वेरिएशन में आ जाए, तब आपको अपने लिए एक लॉट खरीद लेना है (अपनी कुल रकम का एक भाग निवेश करना)।''

इस नियम के अनुसार, चंदू ने 5 प्रतिशत+ बढ़त के लिए नई लॉट की खरीद का आदेश दे दिया।

19 मार्च, 2010 को

बंद भाव 35.7

200 डी.एम.ए. से 5.28 प्रतिशत अधिक

यह समय था 5 प्रतिशत नई खरीद का आदेश देने का।

139 शेयर @36.05 (35.7 + 0.35) पर खरीदने के आदेश दिए।

अगले कारोबारी दिवस (22 मार्च, 2010) को चंदू का आदेश निष्पादित हो गया और चंदू ने 139 शेयर खरीद लिये।

नया निवेश—139 × 36.05 = 5,010.95

22 मार्च, 2010 को कुल शेयर—1,717

नकद शेष—60,650.52 - 5,010.95 = 55,639.57

गणना में आसानी के लिए इन उदाहरणों में मैंने दलाली को शामिल नहीं किया है।

22 मार्च, 2010 को चंदू के पास अरविंद के कुल 1,717 शेयर थे, जिनका बाजार मूल्य 61,897.85 था। इस समय चंदू का शुद्ध लाभ 11,841.48 था।

ऐसा ही 21 अप्रैल, 2010 को फिर से हुआ, जब शेयर बाजार ऋणात्मक से धनात्मक का सुधार लेकर 200 डी.एम.ए. से 5.07 प्रतिशत ऊपर बंद हुआ।

हम इसे नया आरंभिक बिंदु मानते हैं, क्योंकि तकनीकी रूप से ऐसी स्थिति शेयर की मजबूती की सूचक है, जहाँ हमें और अधिक पूँजी निवेशित करनी चाहिए।

21 अप्रैल, 2010 के हालात की तसवीर देखिए।

चंदू एम.एस. एक्सेल सीट (शेयर जीनियस सॉफ्टवेयर एवं अरविंद लि.)				
दिनांक	**बंद कीमत**	**200 डी.एम.ए.**	**परिवर्तन**	**भिन्नता**
15 अप्रैल, 10	34.1	34.04	0.06	0.17
16 अप्रैल, 10	33.65	34.07	-0.42	-1.24
19 अप्रैल, 10	33.1	34.10	-1.00	-3.01
20 अप्रैल, 10	33.75	34.13	-0.38	-1.13
21 अप्रैल, 10	36	34.18	1.82	5.07
22 अप्रैल, 10	35.85	34.22	1.63	4.56

अतः नियम का पालन करते हुए 21 अप्रैल को चंदू ने और 138 शेयर खरीदने के आदेश दे दिए।

21 अप्रैल, 2010 को

बंद भाव 36

200 डी.एम.ए. से 5.07 प्रतिशत अधिक

यह समय था 5 प्रतिशत नवीन बढ़त के ऑर्डर का

138 शेयर @36.36 (36 + 0.36) का ऑर्डर दिया।

अगले कारोबारी दिवस (22 अप्रैल, 2010) को चंदू का ऑर्डर निष्पादित हो गया और चंदू ने 138 शेयर खरीद लिये।

नया निवेश—138 × 36.36—5,017.68

22 अप्रैल, 2010 को कुल शेयर = 1,855

नकद शेष—55,639.57 - 5,017.68 = 50,621.89

गणना में आसानी के लिए मैंने इन उदाहरणों में दलाली को शामिल नहीं किया है।

22 अप्रैल, 2010 को चंदू के पास अरविंद के कुल 1,855 शेयर थे, जिनका बाजार मूल्य 67,447.8 था। इस समय चंदू का शुद्ध लाभ 12,373.75 रुपए था।

मुझे उम्मीद है कि आप मेरा आशय समझ गए होंगे कि हर बार जब शेयर में 200 डी.एम.ए. में (-) चिह्न से (+) चिह्न में सुधार होता है, हमारे लिए यह एक नया आरंभिक स्तर है।

❑

मई 2010 में शेयर बाजार गिरने पर हालात

मई 2010 में भारतीय शेयर बाजार फिर से गिर गया और बाजार की चाल के मुताबिक अरविंद के शेयरों में भी 200 डी.एम.ए. से –5 प्रतिशत या अधिक की गिरावट आई।

अत: इस अध्याय में हम यह सीखेंगे कि मई 2010 में बाजार की गिरावट के दौरान चंदू ने किस तरह इतना लाभ कमाया कि जहाँ अन्य निवेशक अपने नुकसान को देखकर आँसू बहा रहे थे, वहीं चंदू अपने मुनाफे को देखकर मुसकरा रहा था।

5 मई, 2010 से लेकर 29 मई, 2010 तक अरविंद लि. के हालात देखते हैं।

चंदू एम.एस. एक्सेल सीट (शेयर जीनियस सॉफ्टवेयर एवं अरविंद लि.)				
दिनांक	बंद कीमत	200 डी.एम.ए.	परिवर्तन	भिन्नता
5 मई, 10	34.7	34.67	0.03	0.10
6 मई, 10	34	34.73	-0.73	-2.14
7 मई, 10	32.9	34.78	-1.88	-5.72
10 मई, 10	33.9	34.83	-0.93	-2.74

11 मई, 10	33.6	34.88	-1.28	-3.80
12 मई, 10	33.2	34.92	-1.72	-5.18
13 मई, 10	33.2	34.96	-1.76	-5.30
14 मई, 10	33	35.00	-2.00	-6.06
17 मई, 10	32.85	35.04	-2.19	-6.67
18 मई, 10	32.6	35.07	-2.47	-7.59
19 मई, 10	32.65	35.10	-2.45	-7.51
20 मई, 10	32.1	35.12	-3.02	-9.42
21 मई, 10	31.55	35.14	-3.59	-11.39
24 मई, 10	31.9	35.17	-3.27	-10.25
25 मई, 10	30.55	35.19	-4.63	-15.17
26 मई, 10	30.6	35.20	-4.60	-15.03

7 मई, 2010 को अरविंद का शेयर 32.90 रुपए पर बंद हुआ, जो 200 डी.एम.ए. से 5.72 प्रतिशत नीचे था। हमारे नियम के अनुसार, 200 डी.एम.ए. से प्रत्येक 5 प्रतिशत गिरावट पर हमें अपना एक लॉट (एक हिस्सा) बेच देना था।

अगर शेयर में 200 डी.एम.ए. से 10 प्रतिशत की गिरावट आए तो हमें एक और हिस्सा बेचना होगा।

अगर शेयर में 200 डी.एम.ए. से 15 प्रतिशत की गिरावट आती है, तब हमें खरा हिस्सा बेचना होगा। 'पहले आओ, पहले पाओ' की नीति पर चलते हुए हमें सबसे पहले अपने सबसे पुराने खरीदे शेयरों को बेचना होगा।

तो चंदू ने पहले लॉट के लिए बंद बाजार विक्रय आदेश जारी कर दिया।

जब भी बंद बाजार में विक्रय आदेश दें तो इसे हमेशा लिमिट प्राइस से 1 प्रतिशत कम रखें, क्योंकि अगर कोई शेयर तकनीकी रूप से कमजोर है तो बहुत संभव है कि अगले कारोबारी सत्र में यह कुछ अंतर के साथ खुले।

और अगर अगले दिन शेयर पिछले बंद भाव से नीचे खुला और बाजार के दौरान इसका भाव नहीं बढ़ा तो आप इसे बेचने का अवसर खो बैठेंगे।

लगता है, आप चंदू के पहले लॉट के बारे में भूल चुके हैं। डाउनलोड की गई शीट में शीट 2 देखें, जहाँ मैंने चंदू की संपूर्ण बैलेंस शीट दी है।

यदि आपने एक्सेल शीट डाउनलोड नहीं की है तो इस चित्र द्वारा चंदू की खरीद को याद कीजिए और यह पहचानिए कि चंदू अगले कारोबारी सत्र में कौन सा लॉट बेचने वाला है।

चंदू बैलेश शीट 19 सितंबर, 2005 से						
दिनांक	खरीद	दर @	कुल निवेश	बचत ब्याज	लाभांश लाभ	नगद राशि भिन्नता
19 सितं., 08	-	-	-	3615.47	-	102175.93
21 मई, 09	426	23.48	10002.48	-	-	92173.45
22 मई, 09	203	24.69	5012.07	-	-	87161.38
25 मई, 09	189	26.56	5019.84	-	-	82141.54
26 मई, 09	177	28.22	4994.94	-	-	77146.6
28 मई, 09	311	32.11	9986.21	-	-	67160.39
1 जून, 09	145	34.54	5008.3	-	-	62152.09
18 सितं., 09	127	39.54	5021.58	-	-	57130.51
19 सितं., 09	-	-	-	3520.01	-	60650.52
22 मार्च, 10	139	36.05	5010.95	-	-	55639.57
22 अप्रैल, 10	138	36.36	5017.68	-	-	50621.89

उपर्युक्त बैलेंस शीट के हिसाब से 21 मई, 2009 को चंदू ने दो लॉट खरीदे थे—पहला 5 प्रतिशत की बढ़त पर और दूसरा 10 प्रतिशत की बढ़त पर, अत: 426/2 = 213 शेयरों को पहला लॉट माना जाएगा।

7 मई, 2010 को

बंद भाव 32.90

200 डी.एम.ए. से -5.72 प्रतिशत नीचे

213 शेयर बेचे।

आदेशित भाव—32.58 (अंतिम बंद भाव 32-90-0.32)। मेरे खयाल से, आपको याद होगा कि जब आप बंद बाजार में विक्रय आदेश देते हैं तो आपको हमेशा पिछले बंद भाव से 1 प्रतिशत कम भाव रखना चाहिए।

अगले कारोबारी दिवस 10 मई, 2010 को चंदू का ऑर्डर निष्पादित हो गया और उसने अपने 213 शेयर बेच दिए।

कुल प्राप्त राशि—213 × 32.58 = 6,939.54 रुपए।

इन 213 शेयरों की मूल राशि थी—213 × 23.48 = 5,001.24 रुपए।

शेष शेयर—1,642

शेष नकद—50,621.89 + 6,939.54 = 57,561.43 रुपए।

कुल प्राप्त लाभ—1,938.3 रुपए

गणना में आसानी के लिए मैंने दलाली को उदाहरण में शामिल नहीं किया है।

21 मई, 2010 को

बंद भाव 31.55

200 डी.एम.ए. से -11.39 प्रतिशत नीचे

अब समय था, खरीदे गए सबसे पुराने शेयरों को बेचने का। इनमें सबसे पुराना लॉट 213 शेयरों का है, जो उसने 21 मई, 2009 को खरीदे थे। (एक्सेल शीट पर बैलेंस शीट में 21 मई, 2009 की तारीख देखें। इस दिन चंदू ने दो लॉट में 23.48 रुपए की दर से 426 शेयर लिये थे। यहाँ हम मानकर चल रहे हैं 426/2 = 213 शेयर।

213 शेयर बेच दिए गए।

आदेशित भाव—31.24 (अंतिम बंद भाव 31.55 - 0.31)। मुझे लगता है कि आपको याद होगा कि बंद बाजार पर विक्रय आदेश देते समय हमें इसे हमेशा बंद भाव से 1 प्रतिशत कम रखना चाहिए।

अगले कारोबारी दिवस 24 मई, 2010 को चंदू का आदेश निष्पादित हो गया और उसने अपने 213 शेयर बेच दिए।

कुल प्राप्त राशि—213 × 31.24 = 6,654.12 रुपए।

इन 213 शेयरों की मूल कीमत—213 × 23.48 = 5,001.24 रुपए।

कुल लाभ—6,654.12 - 5,001.24 = 1,652.88 रुपए।

शेष शेयर—1,429

शेष नकद—57,561.43 + 6,654.12 = 64,215.55 रुपए।

कुल प्राप्त लाभ—3,591.18 रुपए।

गणना में आसानी के लिए मैंने दलाली को उदाहरण में शामिल नहीं किया है।

दिनांक	बेचना	दर @	कुल राशि			शेष नकद
10 मई, 10	213	32.58	6939.54			57561.43
24 मई, 10	213	31.24	6654.12			64215.55
26 मई, 10	203	30.25	6140.75			70356.3

25 मई, 2010 को

बंद भाव 30.55

200 डी.एम.ए. से –15.17 प्रतिशत नीचे।

अब समय था खरीदे गए सबसे पुराने शेयरों को बेचने का। इनमें सबसे पुराना लॉट 203 शेयरों का है, जो उसने 22 मई, 2009 को खरीदा था। एक्सेल शीट पर बैलेंस शीट में 22 मई, 2009 में देखें कि चंदू ने 24.69 रुपए पर 203 शेयर खरीदे थे।

यहाँ हम इन 203 शेयरों को सबसे पुराना लॉट मानेंगे।

203 शेयर बेच दिए गए।

आदेशित भाव—30.25 (अंतिम बंद भाव 30.55 - 0.30)। मुझे लगता है कि आपको याद होगा कि बंद-बाजार पर विक्रय आदेश देते समय हमें इसे हमेशा बंद भाव से 1 प्रतिशत कम रखना चाहिए।

अगले कारोबारी दिवस 26 मई, 2010 को चंदू का आदेश निष्पादित हो गया और उसने अपने 203 शेयर बेच दिए।

कुल प्राप्त राशि—203 × 30.25 = 6,140.75 रुपए।

इन 203 शेयरों की मूल कीमत—203 × 24.69 = 5,012.07 रुपए।

कुल लाभ—6,140.75 - 5,012.07 = 1,128.68 रुपए।

शेष शेयर—1,226

शेष नकद—64,215.55 + 6,140.75 = 70,256.3 रुपए।

कुल प्राप्त लाभ—4,719.86 रुपए।

गणना में आसानी के लिए मैंने दलाली को उदाहरण में शामिल नहीं किया है।

हमने उपर्युक्त उदाहरणों से क्या सीखा—

उपर्युक्त उदाहरणों में आपने देखा कि जब भी शेयर का भाव उसके 200 डी.एम.ए. से कम होता, तब 200 डी.एम.ए. से प्रत्येक -5 प्रतिशत, प्रत्येक -10 प्रतिशत, प्रत्येक -15 प्रतिशत गिरने पर या 5 के गुणन में गिरावट पर मेरा सॉफ्टवेयर स्वत: ही सबसे पुराने लॉट को बेचने के विक्रय आदेश की सूचना दे देता है।

प्राय: आपका यह सबसे पुराना लॉट एक साल या इससे कुछ अधिक पुराना होता है, इसलिए अपना प्रॉफिट बुक करने पर भी आपको लघु अवधि पूँजी लाभ कर नहीं देना होगा।

इस प्रॉफिट बुकिंग से हमारी नकद धनराशि में वृद्धि होगी, जिसका हम पुन: शेयर के भाव बढ़ने पर उपयोग कर सकते हैं।

इस पद्धति द्वारा आपको स्वत: ही पता लग जाता है कि शेयर को किस समय बेचना और किस समय खरीदना है।

अत: सुरक्षित निवेश द्वारा अधिकतम रिटर्न प्राप्त करने के लिए पाँच-दस साल का एकमुश्त निवेश करने की जगह शेयरजीनियस सॉफ्टवेयर का उपयोग करें।

अगले अध्याय में हम चंदू और चिंकी के पाँच वर्षीय लाभ की तुलना करेंगे।

❑

पाँच वर्षीय लाभ की तुलना

मई 2010 की शेयर बाजार की गिरावट के बाद अरविंद लि. का शेयर पुनः चढ़ने लगा और 5 अगस्त, 2010 को 200 डी.एम.ए. से 5 प्रतिशत ऊपर बंद हुआ। 19 सितंबर, 2010 को चंदू व चिंकी के निवेश को पाँच साल पूरे होने पर उनकी परिस्थिति पर बात करने से पहले मैं आपको संक्षेप में चंदू की नवीन खरीद के बारे में बताना चाहता हूँ।

5 अगस्त, 2010 को

बंद भाव 37.15

200 डी.एम.ए. से 5.10 प्रतिशत ऊपर

यह समय था 5 प्रतिशत नवीन बढ़त के ऑर्डर का।

134 शेयर @37.52 (37.15+ 0.37) का ऑर्डर दिया।

अगले कारोबारी दिवस 6 अगस्त, 2010 को चंदू का ऑर्डर निष्पादित हो गया और उसने 134 शेयर खरीद लिये।

नया निवेश = 134 × 37.52 = 5,027.68

6 अगस्त, 2010 को कुल शेयर—1360

नकद शेष—70,356.30 – 5,027.68 = 65,328.62

गणना में आसानी के लिए मैंने इन उदाहरणों में दलाली को शामिल नहीं किया है।

6 अप्रैल, 2010 को चंदू के पास अरविंद के कुल 1,360 शेयर

थे, जिनका बाजार मूल्य 51,027.2 था। इस समय चंदू का अप्राप्त लाभ 5,939.47 रुपए था।

चंदू का अप्राप्त लाभ—5,939.47 रुपए।

प्राप्त लाभ—4,719.86 रुपए।

6 अगस्त, 2010 को कुल लाभ—10,659.33 रुपए।

10 अगस्त, 2010 को

बंद भाव 39.4

200 डी.एम.ए. से 10.59 प्रतिशत ऊपर।

यह समय था 10 प्रतिशत नवीन बढ़त के ऑर्डर का।

126 शेयर @39.79 (39.4 + 0.39) का ऑर्डर दिया।

अगले कारोबारी दिवस 11 अगस्त, 2010 को चंदू का ऑर्डर निष्पादित हो गया और उसने 126 शेयर खरीद लिये।

नया निवेश—126 × 39.79 = 5,013.54

11 अगस्त, 2010 को कुल शेयर—1,486

नकद शेष—65,328.62 - 5,013.54 = 60,315.08

गणना में आसानी के लिए मैंने इन उदाहरणों में दलाली को शामिल नहीं किया है।

11 अगस्त, 2010 को चंदू के पास अरविंद के कुल 1,486 शेयर थे, जिनका बाजार मूल्य 59,127.94 था। इस समय चंदू का अप्राप्त लाभ 9,026.67 रुपए था।

चंदू का अप्राप्त लाभ—9,026.67 रुपए

प्राप्त लाभ—4,719.86 रुपए

11 अगस्त को कुल लाभ—13,746.53 रुपए

17 अगस्त, 2010 को

बंद भाव 43.1

200 डी.एम.ए. से 17.99 प्रतिशत ऊपर।

यह समय था 15 प्रतिशत नवीन बढ़त के ऑर्डर का।

115 शेयर @43.53 (43.1 + 0.43) का ऑर्डर दिया।

अगले कारोबारी दिवस 18 अगस्त, 2010 को चंदू का ऑर्डर निष्पादित हो गया और उसने 115 शेयर खरीद लिये।

नया निवेश—115 × 43.53 = 5,005.95

18 अगस्त, 2010 को कुल शेयर—1,601

नकद शेष—60,315.08 - 5,005.95 = 55,309.13

गणना में आसानी के लिए मैंने इन उदाहरणों में दलाली को शामिल नहीं किया है।

18 अगस्त, 2010 को चंदू के पास अरविंद के कुल 1,601 शेयर थे, जिनका बाजार मूल्य 69,691.53 था। अतः चंदू का शुद्ध लाभ 14,584.31 रुपए था।

चंदू का अप्राप्त लाभ—14,584.31 रुपए।

प्राप्त लाभ—4,719.86 रुपए

18 अगस्त, 2010 को कुल लाभ—19,304.17 रुपए

7 सितंबर, 2010 को

बंद भाव 45

200 डी.एम.ए. से 20.19 प्रतिशत ऊपर।

यह समय था 20 प्रतिशत नवीन बढ़त के ऑर्डर का।

110 शेयर @45.45 (45 + 0.45) का ऑर्डर दिया

अगले कारोबारी दिवस 8 सितंबर, 2010 को चंदू का ऑर्डर निष्पादित हो गया और उसने 110 शेयर खरीद लिये।

नया निवेश—110 × 45.45 = 4,999.5

8 सितंबर, 2010 को कुल शेयर—1,711

नकद शेष—55,309.13 - 4,999.5 = 50,309.63

गणना में आसानी के लिए मैंने इन उदाहरणों में दलाली को शामिल नहीं किया है।

8 सितंबर, 2010 को चंदू के पास अरविंद के कुल 1,711 शेयर थे, जिनका बाजार मूल्य 77,764.95 था। अत: चंदू का अप्राप्त लाभ 17,658.23 रुपए था।

चंदू का अप्राप्त लाभ—17,658.23 रुपए

प्राप्त लाभ—4,719.86 रुपए

8 सितंबर, 2010 को कुल लाभ—22,378.09 रुपए।

ब्याज से आय—19 सितंबर, 2010 को एक और साल (कुल पाँच साल) पूरा हो गया, यानी चंदू के बचत खाते में रखे नकद में 4 प्रतिशत जोड़ने का समय आ गया था।

मैंने 20 सितंबर, 2009 से 19 सितंबर, 2010 के बीच बचत खाते में न्यूनतम मासिक धनराशि पर ब्याज की गणना की जो 4 प्रतिशत ब्याज के चलते 2,412.47 रुपए हुआ।

ब्याज से हुई इस आय के बाद 19 सितंबर, 2010 को चंदू की नकद पूँजी 50,309.63 + 2,412.47 = 52,722.10 थी।

यानी बीते पाँच सालों में चंदू ने अरविंद के शेयर से 22,378.09 और बचत खाते के ब्याज से 17,567.95 रुपए कमाए। इस तरह बीते पाँच सालों में उसका कुल लाभ 22,378.09 + 17,568.95 = 39,947.04 रहा।

अगर चंदू ने 19 सितंबर, 2005 को चिंकी की तरह अरविंद के शेयरों में पूरे 1 लाख रुपए लगाकर 710 शेयर खरीदे होते तो क्या होता?

अगर वह मेरा सॉफ्टवेयर उपयोग नहीं करता और 710 शेयर लिये बैठा होता तो इससे उसे क्या मिलता?

इन हालात में पाँच साल बाद चंदू के पास संचित 710 शेयरों का बाजार मूल्य मात्र 710 × 45.20 = 32,092 होता और पाँच साल बाद भी उसके पास सिर्फ 710 शेयर होते।

लेकिन मेरी तकनीक का उपयोग करने के बाद उसने 39,947.04 रुपए कमाए और वह 710 की जगह 1,711 शेयरों का मालिक है।

अत: वर्ष 2005 से 2010 तक के पाँच साल अरविंद लि. के लिए मंदी का चक्र रहे, जहाँ उनके शेयरों के भाव 160 से गिरकर 12 हुए और फिर सुधरकर 45 तक ही पहुँच सके।

इस कहानी से आप यह सीखते हैं कि शेयरों के मंदी चक्र में मेरी तकनीक का उपयोग करने से क्या होता है।

लेकिन इस कहानी का प्रमुख भाग अभी भी बाकी है। इसमें आप देखेंगे कि यह तकनीक अरविंद के शेयरों के तेजी के चक्र में भी कितनी प्रभावशाली रही, जब चिंकी का सपना सच में परिवर्तित हो गया और अरविंद मिल्स के शेयर 415 रुपए का भाव छूने लगे और अरविंद मिल्स के शेयर ने न केवल शीर्ष भाव छुआ, बल्कि उसका दो कंपनियों में डीमर्जर भी हो गया, जिनमें से एक का नाम अरविंद लि. और दूसरे को अरविंद इन्फ्रास्ट्रक्चर लि. का नाम दिया गया।

अधिकांश पाठक सोच रहे होंगे कि चंदू के पास तो नकद के रूप में केवल 52,722.10 रुपए हैं। अगर वह शेयरों के 415 तक चढ़ने के दौरान अधिक-से-अधिक खरीदारी करे तो चंदू का नकद जल्दी ही समाप्त हो जाएगा और 10 लॉट खरीदने के बाद उसके पास नई खरीदारी के लिए नकद नहीं होगा।

लेकिन यह फॉर्मूला इतना स्वचालित है कि शेयरों के भावों में होनेवाली छोटी सी गिरावट पर भी प्रॉफिट बुक करने के सलाह दे देता है। प्रॉफिट बुक करने से हमारी नकदी बढ़ती है, जिसका हम शेयरों के भाव बढ़ने पर पुन: उपयोग कर सकते हैं।

मुझे लगता है कि अब तक आप ऊब चुके होंगे। अब मैं आपको चंदू और चिंकी को आइसक्रीम परोसनेवाले वेटर की बेहद दिलचस्प कहानी सुनाता हूँ।

❑

चंदू व चिंकी को आइसक्रीम परोसनेवाले वेटर का निवेश

यह इस पुस्तक की उपकथा है। आपको पता ही है कि चंदू और चिंकी आइसक्रीम कोन खाना पसंद करते हैं और वे अकसर 'चामुंडा कैफे एंड आइसक्रीम कॉर्नर' में आइसक्रीम कोन का आनंद लेने जाते हैं।

वहाँ के एक वेटर घीसू भाई को भी शेयर बाजार में दिलचस्पी थी। लेकिन घीसू भाई अपना भाग्य केवल इंट्रा डे और नकद बाजार में ही आजमाते थे।

घीसू भाई जानते थे कि चंदू और चिंकी भी शेयर बाजार में कारोबार करते हैं। अत:, चंदू और चिंकी को आइसक्रीम कोन परोसते समय वह क्षण भर को रुककर उनकी बातचीत सुनने का प्रयास करते।

उन्होंने चिंकी के सपने के बारे में सुना था। वह भी अरविंद मिल्स के कुछ शेयर खरीदना चाहते थे; लेकिन वर्ष 2005 में उन्हें 140 के ऊँचे भाव पर देख वह इस स्तर पर निवेश करने का साहस नहीं जुटा सके।

सन् 2008 में शेयर बाजार गिरने के बाद उन्होंने देखा कि अरविंद के शेयर 140 से 46 पर आ गए हैं। उन्होंने सोचा कि शेयर 67 प्रतीशत नीचे आ गए हैं और उन्हें यह मौका चूकना नहीं चाहिए।

घीसू भाई को भी सपनों पर यकीन था। उन्हें लगा कि माताजी

(दुर्गा देवी) ने उन्हें शेयर बाजार के माध्यम से करोड़पति बनने का अवसर प्रदान किया है।

अत: 23 जनवरी, 2008 को जिस ट्रेडिंग सत्र के दौरान चंदू ने अपने 557 शेयर 46 रुपए के भाव पर बेचे थे, उसी दिन घीसू भाई ने 46 रुपए पर अरविंद मिल्स के 600 शेयर खरीदने का ऑर्डर दिया।

क्या संयोग है, एक्सचेंज ने चंदू के 557 शेयर घीसू भाई को बेच दिए।

23 जनवरी, 2008 को घीसू भाई ने अरविंद के शेयरों में 600 × 46 = 27,600 रुपए लगाए और 12 मार्च, 2009 को ये शेयर 11.20 तक गिर गए।

इस तरह घीसू भाई के 600 शेयरों की कीमत सिर्फ 6,720 रुपए रह गई। वह 20,880 रुपए के अनुमानित घाटे में थे; लेकिन उन्होंने सोचा कि मैं चिंकी जैसा मूर्ख नहीं हूँ, जो घाटे में शेयर बेच दूँ। मैं तो 'सही खरीदो, जमे रहो' के सिद्धांत पर यकीन रखता हूँ।

घीसू भाई 12 मार्च को हुए नुकसान से विचलित नहीं हुए और उन्होंने शेयरों को अपने पास ही रखा।

2 साल और 8 माह की लंबी प्रतीक्षा के बाद 15 सितंबर, 2010 को अरविंद 46.35 पर बंद हुआ। घीसू भाई ने तब भी अपने शेयर नहीं बेचे। उन्होंने सोचा, मुझे इन शेयरों को लगभग तीन सालों तक अपने पास रखना चाहिए। अगर मैंने इन्हें बिना नफे-नुकसान के बेच दिया तो इन्हें तीन साल तक अपने पास रखने से मुझे क्या मिला?

घीसू भाई ने समझदारी दिखाते हुए फैसला किया कि वह स्टॉप लॉस की चिंता न करते हुए इन शेयरों को अपने पास ही रखेंगे।

दुर्भाग्यवश, शेयरों में फिर गिरावट आने लगी और 22 सितंबर, 2015 को अरविंद @42.65 के भाव पर बंद हुआ। अब घीसू भाई एक बार फिर नुकसान में थे। उन्होंने अपनी रणनीति में बदलाव किया और सोचा कि अब इसका भाव 46 होते ही मैं इसे बेच दूँगा और इसकी जगह

सही भाव एवं अधिक संभावना वाले प्रतीत होते 'सुजलॉन एनर्जी' के शेयर खरीद लूँगा।

भाग्य ने घीसू भाई का साथ दिया और 1 अक्तूबर, 2010 को अरविंद लि. (27 जून, 2008 को 'अरविंद मिल्स' का नाम बदलकर 'अरविंद लि.' हो गया था) के भाव फिर से चढ़े और घीसू भाई ने अपने 600 शेयर बिना किसी नफा-नुकसान के बेच दिए।

इस बार घीसू भाई ने चतुराई दिखाई और अपने को कहीं और निवेश करने के लिए 1 अक्तूबर, 2010 को सुजलॉन एनर्जी के 500 शेयर 55 रुपए प्रति शेयर की दर से खरीद लिये।

मैं यह कहानी 1 जनवरी, 2017 को लिख रहा हूँ। बीते छह सालों में सुजलॉन के शेयरों का भाव 55 से आगे नहीं बढ़ा और आज सुजलॉन एनर्जी का भाव 13.94 है। घीसू भाई बहुत चतुर हैं और वह आज भी इसके पुनः 55 के भाव पर आने के इंतजार में हैं, जिससे वे इन्हें बिना किसी नफे-नुकसान के बेच सकें।

मुझे लगता है कि आपको इस कहानी का आशय समझकर अपनी निवेश शैली की चंदू, चिंकी और घीसू भाई से तुलना करनी चाहिए।

अगर आपकी निवेश शैली चिंकी या घीसू भाई जैसी है तो कृपया अपनी निवेश शैली को चंदू की शैली में परिवर्तित कीजिए।

यही इस पुस्तक का मुख्य ध्येय है।

❑

चंदू की 15 दिसंबर, 2011 तक की खरीद का सारांश

अगर आपने इस पुस्तक के पिछले 17 अध्याय ध्यानपूर्वक पढ़े होंगे तो आप मेरे विचार को समझने लगे होंगे। यहाँ मैं चंदू की 15 दिसंबर, 2011 तक अरविंद लि. के खरीदे गए शेयरों का सारांश प्रस्तुत कर रहा हूँ।

चंदू एम.एस. एक्सेल सीट (शेयर जीनियस सॉफ्टवेयर एवं अरविंद लि.)				
दिनांक	बंद कीमत	200 डी.एम.ए.	परिवर्तन	भिन्नता
13 अक्तू., 10	51.45	36.98	14.47	28.13
14 अक्तू., 10	49.8	37.03	12.77	25.64
15 अक्तू., 10	51.1	37.09	14.01	27.42
18 अक्तू., 10	52	37.16	14.85	28.55
19 अक्तू., 10	56	37.24	18.76	33.51
20 अक्तू., 10	54.5	37.31	17.19	31.54
21 अक्तू., 10	53.85	37.39	16.46	30.57
22 अक्तू., 10	54.35	37.45	16.90	31.10
25 अक्तू., 10	56.95	37.52	19.43	34.12
26 अक्तू., 10	55.6	37.59	18.01	32.40
27 अक्तू., 10	58.95	37.68	21.27	36.08

28 अक्तू., 10	59	37.77	21.23	35.98
29 अक्तू., 10	57.7	37.86	19.84	34.39
1 नवं., 10	58.6	37.95	20.65	35.25
2 नवं., 10	58.85	38.04	20.81	35.36
3 नवं., 10	59.85	38.14	21.71	36.28
4 नवं., 10	60.3	38.24	22.06	36.59
5 नवं., 10	60.9	38.34	22.56	37.04
8 नवं., 10	62.85	38.45	24.40	38.82
9 नवं., 10	64.3	38.57	25.73	40.01
10 नवं., 10	66.2	38.72	27.48	41.51

हमारी सलाह है कि आपने जिस एक्सेल शीट को पहले डाउनलोड किया था, उससे इस डाटा का मिलान करें।

13 अक्तूबर, 2010 को

बंद भाव 51.45

200 डी.एम.ए. से 28.13 प्रतिशत ऊपर।

यह समय था 25 प्रतिशत नवीन बढ़त के ऑर्डर का।

97 शेयर @51.96 (51.45 + 0.51) का ऑर्डर दिया

अगले कारोबारी दिवस (14 अक्तूबर, 2010) को चंदू का ऑर्डर निष्पादित हो गया और उसने 97 शेयर खरीद लिये।

नया निवेश—97 × 51.96 = 5,040.12

14 अक्तूबर, 2010 को कुल शेयर—1,808

नकद शेष—52,722.1 – 5,040.12 = 47,681.98

गणना में आसानी के लिए मैंने इन उदाहरणों में दलाली को शामिल नहीं किया है।

14 अक्तूबर, 2010 को

चंदू के पास अरविंद के कुल शेयर—1,808

बाजार भाव प्रति शेयर—51.96

बाजार भाव—1808 × 51.96 = 93,943.68

कुल संपत्ति—नकद 47,681.98 + शेयरों का बाजार मूल्य 93,943.68 = 1,41,625.66

19 अक्तूबर, 2010 को

बंद भाव 56

200 डी.एम.ए. से 33.51 प्रतिशत ऊपर।

यह समय था 30 प्रतिशत नवीन बढ़त के ऑर्डर का।

89 शेयर @56.56 (56 + 0.56) का ऑर्डर दिया।

अगले कारोबारी दिवस (20 अक्तूबर, 2010) को चंदू का ऑर्डर निष्पादित हो गया और उसने 89 शेयर खरीद लिये।

नया निवेश—89 × 56.56 = 5,033.84

20 अक्तूबर, 2010 को कुल शेयर—1,897

नकद शेष—47,681.98 - 5,033.84 = 42,648.14

गणना में आसानी के लिए मैंने इन उदाहरणों में दलाली को शामिल नहीं किया है।

20 अक्तूबर, 2010 को

चंदू के पास अरविंद के कुल शेयर—1,897

प्रति शेयर बाजार भाव—56.56

बाजार भाव—1,897 × 56.56 = 107,294.32

कुल संपत्ति—नकद 42,648.14 + शेयरों का बाजार मूल्य 1,07,294.32 = 1,49,942.46

27 अक्तूबर, 2010 को

बंद भाव 58.95

200 डी.एम.ए. से 36.08 प्रतिशत ऊपर।

यह समय था 35 प्रतिशत नवीन बढ़त के ऑर्डर का।

84 शेयर @59.53 (58.95 + 0.58) का ऑर्डर दिया।

अगले कारोबारी दिवस (28 अक्तूबर, 2010) को चंदू का ऑर्डर निष्पादित हो गया और उसने 84 शेयर खरीद लिये।

नया निवेश—84 × 59.53 = 5,000.52

28 अक्तूबर, 2010 को कुल शेयर—1,981

नकद शेष—42,648.14 - 5,000.52 = 37,647.62

गणना में आसानी के लिए मैंने इन उदाहरणों में दलाली को शामिल नहीं किया है।

28 अक्तूबर, 2010 को

चंदू के पास अरविंद के कुल शेयर—1,981

प्रति शेयर बाजार भाव—59.53

बाजार भाव—1981 × 59.53 = 1,17,928.93

कुल संपत्ति—नकद 37,647.62 + शेयरों का बाजार मूल्य 1,17,928.93 = 1,55,576.55

9 नवंबर, 2010 को

बंद भाव 64.3

200 डी.एम.ए. से 40.01 प्रतिशत ऊपर।

यह समय था 40 प्रतिशत नवीन बढ़त के ऑर्डर का।

77 शेयर @64.94 (64.3 + 0.64) का ऑर्डर दिया।

अगले कारोबारी दिवस 10 नवंबर, 2010 को चंदू का ऑर्डर निष्पादित हो गया और उसने 77 शेयर खरीद लिये।

नया निवेश—77 × 64.94 = 5,000.38

10 नवंबर, 2010 को कुल शेयर—2,058

नकद शेष—37,647.62 - 5,000.38 = 32,647.24

गणना में आसानी के लिए मैंने इन उदाहरणों में दलाली को शामिल नहीं किया है।

10 नवंबर, 2010 को

चंदू के पास अरविंद के कुल शेयर—2,058

प्रति शेयर बाजार भाव—64.94

बाजार भाव—2058 × 64.94 = 1,33,646.52

कुल संपत्ति—नकद 32,647.24 + शेयरों का बाजार मूल्य 1,33,646.52 = 1,66,292.76

23 अगस्त, 2011 को शेयर पुन: 200 डी.एम.ए. से नीचे आ गए। अत: जब शेयर के भाव फिर चढ़े तो चंदू ने 5 प्रतिशत+ बढ़त की नई खरीद आरंभ कर दी।

चंदू एम.एस. एक्सेल सीट (शेयर जीनियस सॉफ्टवेयर एवं अरविंद लि.)				
दिनांक	**बंद कीमत**	**200 डी.एम.ए.**	**परिवर्तन**	**भिन्नता**
18 अग., 11	65.5	68.37	-2.87	-4.38
19 अग., 11	67.6	68.41	-0.81	-1.20
22 अग., 11	70.55	68.47	2.08	2.95
23 अग., 11	73.45	68.53	4.92	6.70
24 अग., 11	74.45	68.60	5.85	7.86

23 अगस्त, 2011 को

बंद भाव 73.45

200 डी.एम.ए. से 6.70 प्रतिशत ऊपर।

यह समय था 5 प्रतिशत नवीन बढ़त के ऑर्डर का।

68 शेयर @74.18 (73.45 + 0.73) का ऑर्डर दिया।

अगले कारोबारी दिवस (24 अगस्त, 2011) को चंदू का ऑर्डर निष्पादित हो गया और उसने 68 शेयर खरीद लिये।

नया निवेश—68 × 74.18 = 5,044.24

24 अगस्त, 2011 को कुल शेयर—2,126

नकद शेष—32,647.24 - 5,044.24 = 27,603

गणना में आसानी के लिए मैंने इन उदाहरणों में दलाली को शामिल नहीं किया है।

24 अगस्त, 2011 को

चंदू के पास अरविंद के कुल शेयर—2,126

प्रति शेयर बाजार भाव—74.18

बाजार भाव—2,126 × 74.18 = 1,57,706.68

कुल संपत्ति—नकद 27,603 + शेयरों का बाजार मूल्य 1,57,706.68 = 1,85,309.68

चंदू एम.एस. एक्सेल सीट (शेयर जीनियस सॉफ्टवेयर एवं अरविंद लि.)				
दिनांक	बंद कीमत	200 डी.एम.ए.	परिर्वतन	भिन्नता
30 अग., 11	78.35	68.82	9.53	12.17
2 सितं., 11	80.85	68.91	11.94	14.77
5 सितं., 11	83.65	69.03	14.62	17.48
6 सितं., 11	82.75	69.16	13.59	16.42
7 सितं., 11	82.75	69.29	13.46	16.27
8 सितं., 11	85.2	69.44	15.76	18.50
9 सितं., 11	91.9	69.61	22.29	24.25

12 सितं., 11	93.5	69.80	23.70	25.35
13 सितं., 11	90.55	69.98	20.57	22.71

30 अगस्त, 2011 को

बंद भाव 78.35

200 डी.एम.ए. से 12.17 प्रतिशत ऊपर।

यह समय था 10 प्रतिशत नवीन बढ़त के ऑर्डर का।

64 शेयर @79.13 (78.35 + 0.78) का ऑर्डर दिया।

अगले कारोबारी दिवस 2 सितंबर, 2011 को चंदू का ऑर्डर निष्पादित हो गया और उसने 64 शेयर खरीद लिये।

नया निवेश—64 × 79.13 = 5,064.32

2 सितंबर, 2011 को कुल शेयर—2,190

नकद शेष—27,603 – 5,064.32 = 22,538.68

गणना में आसानी के लिए मैंने इन उदाहरणों में दलाली को शामिल नहीं किया है।

2 सितंबर, 2011 को

चंदू के पास अरविंद के कुल शेयर—2,190

प्रति शेयर बाजार भाव—79.13

बाजार भाव—2,190 × 79.13 = 1,73,294.7

कुल संपत्ति—नकद 22,538 + शेयरों का बाजार मूल्य 1,73,294.7 = 1,95,833.38

5 सितंबर, 2011 को

बंद भाव 83.65

200 डी.एम.ए. से 17.48 प्रतिशत ऊपर।

यह समय था 15 प्रतिशत नवीन बढ़त के ऑर्डर का।

60 शेयर @84.48 (83.65 + 0.83) का ऑर्डर दिया।

अगले कारोबारी दिवस 6 सितंबर, 2011 को चंदू का ऑर्डर निष्पादित हो गया और उसने 60 शेयर खरीद लिये।

नया निवेश—60 × 84.48 = 5,068.8

6 सितंबर, 2011 को कुल शेयर—2,250

नकद शेष = 22,538.68 − 5,068.8 = 17,469.88

गणना में आसानी के लिए मैंने इन उदाहरणों में दलाली को शामिल नहीं किया है।

6 सितंबर, 2011 को

चंदू के पास अरविंद के कुल शेयर—2,250

प्रति शेयर बाजार भाव—84.48

बाजार भाव—2,250 × 84.48 = 1,90,080

कुल संपत्ति—नकद 17,469.88 + शेयरों का बाजार मूल्य 1,90,080 = 2,07,549.88

9 सितंबर, 2011 को

बंद भाव 91.9

200 डी.एम.ए. से 24.25 प्रतिशत ऊपर।

यह समय था 20 प्रतिशत नवीन बढ़त के ऑर्डर का।

54 शेयर @92.81 (91.9 + 0.91) का ऑर्डर दिया

अगले कारोबारी दिवस 12 सितंबर, 2011 को चंदू का ऑर्डर निष्पादित हो गया और उसने 54 शेयर खरीद लिये।

नया निवेश—54 × 92.81 = 5,011.74

12 सितंबर, 2011 को कुल शेयर—2,304

नकद शेष—17,469.88 − 5,011.74 = 12,458.14

गणना में आसानी के लिए मैंने इन उदाहरणों में दलाली को शामिल नहीं किया है।

12 सितंबर, 2011 को

चंदू के पास अरविंद के कुल शेयर—2,304

प्रति शेयर बाजार भाव—92.81

बाजार भाव—2304 × 92.81 = 2,13,834.24

कुल संपत्ति—नकद 12,458.14 + शेयरों का बाजार मूल्य 2,13,834.24 = 2,26,292.38

12 सितंबर, 2011 को

बंद भाव 93.5

200 डी.एम.ए. से 25.35 प्रतिशत ऊपर।

यह समय था 25 प्रतिशत नवीन बढ़त के ऑर्डर का।

53 शेयर @94.43 (93.5 + 0.93) का ऑर्डर दिया।

अगले कारोबारी दिवस 13 सितंबर, 2011 को चंदू का ऑर्डर निष्पादित हो गया और उसने 53 शेयर खरीद लिये।

नया निवेश—53 × 94.43 = 5,004.79

13 सितंबर, 2011 को कुल शेयर—2,357

नकद शेष—12,458.14 – 5,004.79 = 7,453.35

गणना में आसानी के लिए मैंने इन उदाहरणों में दलाली को शामिल नहीं किया है।

13 सितंबर, 2011 को

चंदू के पास अरविंद के कुल शेयर—2,357

प्रति शेयर बाजार भाव—94.43

बाजार भाव—2,357 × 94.43 = 2,22,571.51

कुल संपत्ति—नकद 7,453.35 + शेयरों का बाजार मूल्य 2,22,571.51 = 2,30,024.86

19 सितंबर, 2011 को बचत खाते का ब्याज—19 सितंबर, 2011 को छह साल के बाद चंदू और चिंकी की निवेश कथा पूरी होती है। चंदू को पिछले वर्ष बचत खाते के ब्याज के रूप में 1,364.60 रुपए मिले।

मेरे बताए तरीके पर चलते हुए अरविंद के शेयरों का भाव बढ़ने के साथ ही चंदू ने अपनी होल्डिंग बढ़ा दी।

चंदू के अधिक शेयर खरीदने से उसकी संचित नकदी में कमी आई। इसलिए इस साल चंदू को अपने पिछले साल की संचित नकद पर बचत खाते में 4 प्रतिशत ब्याज द्वारा मात्र 1,364.60 रुपए प्राप्त हुए।

अब शेष नकद था—7,453.35 + 1,364.60 = 8,817.95

14 अक्तूबर, 2011 को

बंद भाव 106.4

200 डी.एम.ए. से 30.06 प्रतिशत ऊपर।

यह समय था 30 प्रतिशत नवीन बढ़त के ऑर्डर का।

47 शेयर @107.46 (106.4 + 1.06) का ऑर्डर दिया।

अगले कारोबारी दिवस 17 अक्तूबर, 2011 को चंदू का ऑर्डर निष्पादित हो गया और उसने 47 शेयर खरीद लिये।

नया निवेश—47 × 107.46 = 5,050.62

17 अक्तूबर, 2011 को कुल शेयर—2,404

नकद शेष—8,817.95 - 5,050.62 = 3,767.33

गणना में आसानी के लिए मैंने इन उदाहरणों में दलाली को शामिल नहीं किया है।

17 सितंबर, 2011 को

चंदू के पास अरविंद के कुल शेयर—2,404

प्रति शेयर बाजार भाव—107.46

बाजार भाव—2,404 × 107.46 = 2,58,333.84

कुल संपत्ति—नकद 3,767.33 + शेयरों का बाजार मूल्य 2,58,333.84 = 2,62,101.17

मुझे लगता है आपको याद होगा कि चिंकी ने शुरुआत में 140.85 रुपए की दर से 710 शेयर खरीदने में लगभग 1 लाख रुपए निवेश किए थे।

अरविंद लि. के शेयर का भाव अभी भी चिंकी के खरीद भाव 140.85 से नीचे है।

अगर चिंकी के 710 शेयर अभी भी उसके पास ही होते तो उसके शेयरों का बाजार मूल्य 710 × 107.46 = 76,296.60 होता। वहीं मेरी पद्धति पर चलकर चंदू की कुल संपत्ति बढ़कर 2,62,101.17 हो गई और कहानी अभी भी जारी है।

❑

चंदू को गिरावट में कैसे हुआ टैक्स फ्री नकद मुनाफा?

पिछले अध्याय के अंत में आपने देखा होगा कि चंदू ने अरविंद के शेयर खरीदने में अपने लगभग सारे पैसे इस्तेमाल कर लिये थे। अब चंदू के पास सिर्फ 3,767.33 रुपए नकद ही बचे थे। अगर शेयर का भाव और ऊपर चढ़ा तथा 200 डी.एम.ए. से 35 प्रतिशत अधिक हो गया तो चंदू के पास लिवाली के लिए नकद धन नहीं था।

लेकिन शेयरों की गति एक-पक्षीय नहीं होती। लंबे समय तक चढ़ने के बाद इनमें करेक्शन आती ही है। चंदू के भाग्य से 12 दिसंबर, 2011 के बाद अरविंद लि. के शेयर गिरने लगे और इसका भाव 108.65 (19 अक्तूबर, 2011 का भाव) से 65 रुपए (2 जनवरी, 2012 का भाव) पहुँच गया।

मेरे शेयरजीनियस सॉफ्टवेयर ने स्वत: ही इस गिरावट को देखते हुए प्रॉफिट बुकिंग की सलाह दे दी।

इस अध्याय में आप देखेंगे कि किस तरह इस प्रॉफिट बुकिंग से चंदू को लाभ हुआ और आगे खरीदारी करने के लिए चंदू की झोली पुन: नकद से भर गई।

मैं जानता हूँ कि आप सोच रहे होंगे, यदि इस समय अरविंद के शेयर गिरने की जगह चढ़ जाते तो चंदू अगला लॉट खरीदने के लिए पैसे कहाँ से लाता? उसके पास तो केवल 3,767.33 रुपए शेष थे, जो अगला लॉट खरीदने के लिए पर्याप्त नहीं थे।

यद्यपि प्रॉफिट बुकिंग ठीक उस समय शुरू हुई, जब चंदू की सारी नकद धनराशि चुक गई थी; लेकिन अगर शेयर का भाव यहाँ से और चढ़ता, तब भी चंदू को नई खरीद के लिए केवल 5,000 – 3,767 = 1,233 रुपए ही और चाहिए होते।

शेयर को चढ़ते समय खरीदने से हर नई खरीद के साथ आपका मुनाफा भी बढ़ता जाता है। 17 अक्तूबर, 2011 को चंदू का कुल मुनाफा 1,62,000 रुपए था।

जब आप 1,62,000 रुपए के मुनाफे में होते हैं तो अपने मुनाफे को बढ़ानेवाली प्रणाली को जारी रखने के लिए 1,233 रुपए की नई पूँजी लगाना अधिक कठिन नहीं होता।

सौभाग्यवश, चंदू को अपनी प्रणाली में नए पूँजी निवेश की जरूरत नहीं पड़ी; क्योंकि प्रॉफिट बुकिंग शुरू हो चुकी थी और इस प्रॉफिट बुकिंग ने चंदू की झोली को फिर से नकद से भर दिया।

अपनी एक्सेल शीट या दिसंबर 2011 की परिस्थितियाँ दरशाता यह चित्र देखिए—

चंदू एम.एस. एक्सेल सीट (शेयर जीनियस सॉफ्टवेयर एवं अरविंद लि.)				
दिनांक	बंद कीमत	200 डी.एम.ए.	परिवर्तन	भिन्नता
12 दिसं., 11	80.55	80.48	0.07	0.09
13 दिसं., 11	79.9	80.59	-0.69	-0.86
14 दिसं., 11	78.85	80.70	-1.85	-2.34
15 दिसं., 11	76.65	80.79	-4.14	-5.40
16 दिसं., 11	69.1	80.85	-11.75	-17.01
19 दिसं., 11	70.25	80.93	-10.68	-15.20
20 दिसं., 11	70.2	81.01	-10.81	-15.40
21 दिसं., 11	72.9	81.10	-8.20	-11.25
22 दिसं., 11	73.4	81.18	-7.78	-10.60

23 दिसं., 11	71.4	81.25	-9.85	-13.80
26 दिसं., 11	72.9	81.34	-8.44	-11.57
27 दिसं., 11	69.8	81.41	-11.61	-16.64
28 दिसं., 11	67.05	81.48	-14.43	-21.52
29 दिसं., 11	66.9	81.53	-14.63	-21.86
30 दिसं., 11	66.7	81.58	-14.88	-22.30
2 जन., 12	64.95	81.63	-16.68	-25.68
3 जन., 12	69.25	81.69	-12.44	-17.96

मुझे लगता है कि आपको याद होगा कि 200 डी.एम.ए. से 5 प्रतिशत की हर गिरावट पर हमें अपना एक लॉट (एक हिस्सा) बेचना होता है।

अगर शेयर 200 डी.एम.ए. से 10 प्रतिशत गिर जाता है तो हमें एक और हिस्सा बेचना होगा।

अगर शेयर 200 डी.एम.ए. से 15 प्रतिशत गिर जाता है तो हमें पहले आओ, पहले पाओ के आधार पर अपनी खरी सबसे पुराना खरीदवाला हिस्सा बेचना होगा।

अपनी एक्सेल शीट का पृष्ठ 2 देखिए, जहाँ मैंने चंदू के लिवाली-बिकवाली संबंधी बैलेंस शीट दी है। इस शीट को देखकर आप समझ जाएँगे कि बिकवाली के लिए कौन सी पुरानी खरीद उपलब्ध है।

चंदू बैलेश शीट 19 सितंबर, 2005 से						
दिनांक	खरीद	दर @	कुल निवेश	बचत ब्याज	लाभांश लाभ	नगद राशि भिन्नता
25 मई, 09	189	26.56	5019.84	-	-	82141.54
26 मई, 09	177	28.22	4994.94	-	-	77146.6
28 मई, 09	311	32.11	9986.21	-	-	67160.39
1 जून, 09	145	34.54	5008.3	-	-	62152.09
18 सितं., 09	127	39.54	5021.58	-	-	57130.51

15 दिसंबर, 2011 को

बंद भाव 76.85

200 डी.एम.ए. से –5.4 प्रतिशत नीचे

पुराने खरीदे शेयरों में प्रॉफिट बुकिंग करना था।

यहाँ सबसे पुरानी खरीदवाले लॉट में 189 शेयर हैं, जिन्हें उसने 25 मई, 2009 को खरीदा था (एक्सेल की बैलेंस शीट में देखें, चंदू ने 25 मई, 2009 को 189 शेयर @26.56 पर खरीदे थे, जो हमारे विचार से सबसे पुराना लॉट है)।

चंदू ने 189 शेयरों के विक्रय का आदेश दे दिया।

आदेशित भाव—78.07 (अंतिम बंद भाव 78.85 – 0.78)। मुझे लगता है कि आपको याद होगा कि हम जब भी बंद-बाजार विक्रय आदेश देते हैं तो हमें उसे हमेशा पिछले बंद भाव से 1 प्रतिशत नीचे रखना चाहिए।

अगले कारोबारी दिवस 16 दिसंबर, 2011 को चंदू का ऑर्डर निष्पादित हो गया और उसने अपने 189 शेयर बेच दिए।

कुल प्राप्त राशि—189 × 78.07 =14,755.23 रुपए

इन 189 शेयरों की मूल कीमत—189 × 26.56 = 5,019.84 रुपए

शुद्ध लाभ—14,755.23 – 5,019.84 = 9,735.39 रुपए

शेष शेयर—2,215

शेष शेयरों का बाजार मूल्य—2,215 × 78.07 = 1,72,925.05

शेष नकद—3,767.33 + 14,755.23 = 18,522.56 रुपए।

16 दिसंबर, 2011 को कुल संपत्ति—नकद 18,522.56 + शेष 2,215 शेयरों का बाजार मूल्य—1,72,925.05 = 1,91,447.61

गणना में आसानी के लिए मैंने इन उदाहरणों में दलाली को शामिल नहीं किया है।

16 दिसंबर, 2011 को

बंद भाव 69.1

200 डी.एम.ए. से −17.01 प्रतिशत नीचे

(वस्तुतः यहाँ चंदू को दो लॉट बेचने पड़े। पहला, 10 प्रतिशत नीचे आने और दूसरा, 15 प्रतिशत नीचे आने के लिए। लेकिन गणना में आसानी के लिए मैं यहाँ प्रत्येक लॉट के लिए अलग से गणना दे रहा हूँ।)

यहाँ सबसे पुरानी खरीदवाले लॉट में 177 शेयर हैं, जिन्हें उसने 26 मई, 2009 को खरीदा था (एक्सेल की बैलेंस शीट में देखें, चंदू ने 26 मई, 2009 को 177 शेयर @28.22 पर खरीदे हैं, जो हमारे विचार से सबसे पुराना लॉट है)।

चंदू ने 177 शेयरों का विक्रय आदेश दे दिया।

आदेशित भाव—68.41 (अंतिम बंद भाव 69.1 − 0.69)। मुझे लगता है कि आपको याद होगा, हम जब भी बंद-बाजार विक्रय आदेश देते हैं तो हमें उसे हमेशा पिछले बंद भाव से 1 प्रतिशत नीचे रखना चाहिए।

अगले कारोबारी दिवस 19 दिसंबर, 2011 को चंदू का ऑर्डर निष्पादित हो गया और उसने अपने 177 शेयर बेच दिए।

कुल प्राप्त राशि—177 @ 68.41 = 12,108.57 रुपए।

इन 177 शेयरों की मूल धनराशि—177 × 28.22 = 4,994.94 रुपए।

शुद्ध लाभ—12,108.57 − 4,994.94 = 7,113.63 रुपए।

शेष शेयर—2,038

शेष शेयरों का बाजार मूल्य—2,038 × 68.41 = 1,39,419.58

शेष नकद—3,767.33 + 12,108.57 = 30,631.13 रुपए।

19 दिसंबर, 2011 को कुल संपत्ति—नकद 30,631.13 + शेष 2,038 शेयरों का बाजार मूल्य—1,39,419.58 =1,70,050.71

गणना में आसानी के लिए मैंने इन उदाहरणों में दलाली को शामिल नहीं किया है।

16 दिसंबर, 2011 को

बंद भाव 69.1

200 डी.एम.ए. से –17.01 प्रतिशत नीचे।

यहाँ दूसरे सबसे पुरानी खरीदवाले लॉट में 156 शेयर हैं, जिन्हें उसने 28 मई, 2009 को खरीदा था (एक्सेल की बैलेंस शीट में 28 मई, 2009 को देखें, चंदू ने एक ही दिन में दो लॉट खरीदे थे, जिनमें कुल 311 शेयर थे। हमने 311/2 = 155.5 किया। इसे पूर्णांक बनाते हुए 156 कर लेते हैं)।

इन 156 शेयरों को, जो 32.11 रुपए में खरीदे गए थे, को सबसे पुराना लॉट माना गया। शेष 155 शेयरों पर हम अगले विक्रय में विचार करेंगे।

चंदू ने 156 शेयरों का विक्रय आदेश भर दिया।

आदेशित भाव—68.41 (अंतिम बंद भाव 69.1 - 0.69)। मुझे लगता है कि आपको याद होगा, हम जब भी बंद-बाजार विक्रय आदेश देते हैं तो हमें उसे हमेशा पिछले बंद भाव से 1 प्रतिशत नीचे रखना चाहिए।

अगले कारोबारी दिवस 19 दिसंबर, 2011 को चंदू का ऑर्डर निष्पादित हो गया और उसने अपने 156 शेयर बेच दिए।

कुल प्राप्त राशि—156 × 68.41 = 10,671.96 रुपए।

इन 156 शेयरों की मूल धनराशि—156 × 32.11 = 5,009.16 रुपए

शुद्ध लाभ—10,671.96 - 5,009.16 = 5,662.8 रुपए

शेष शेयर—1,882

शेष शेयरों का बाजार मूल्य—1,882 × 68.41 = 1,28,747.62

शेष नकद—3,767.33 + 10,671.96 = 41,303.09 रुपए।

19 दिसंबर, 2011 को कुल संपत्ति—नकद 41,303. 09 + शेष 1,882 शेयरों का बाजार मूल्य—1,28,747.62 = 1,70,050.71

गणना में आसानी के लिए मैंने इन उदाहरणों में दलाली को शामिल नहीं किया है।

28 दिसंबर, 2011 को

बंद भाव 67.5

200 डी.एम.ए. से –21.52 प्रतिशत नीचे।

पुरानी खरीद पर प्रॉफिट बुक करने का समय।

यहाँ दूसरे सबसे पुरानी खरीदवाले लॉट में 155 शेयर हैं, जिन्हें उसने 28 मई, 2009 को खरीदा था (एक्सेल की बैलेंस शीट में 28 मई, 2009 को देखें, चंदू ने 32.11 रुपए में 155 शेयर खरीदे थे, जो हमारे विचार से सबसे पुराना लॉट है)।

चंदू ने 155 शेयरों का विक्रय आदेश भर दिया।

आदेशित भाव—66.38 (अंतिम बंद भाव 67.05 - 0.67)। मुझे लगता है कि आपको याद होगा, हम जब भी बंद-बाजार विक्रय आदेश देते हैं तो हमें उसे हमेशा पिछले बंद भाव से 1 प्रतिशत नीचे रखना चाहिए।

अगले कारोबारी दिवस 29 दिसंबर, 2011 को चंदू का ऑर्डर निष्पादित हो गया और उसने अपने 155 शेयर बेच दिए।

कुल प्राप्त राशि—155 × 66.38 = 10,288.9 रुपए।

इन 155 शेयरों की मूल धनराशि—155 × 32.11 = 4,977.05 रुपए।

शुद्ध लाभ—10,288.9 - 4,977.05 = 5,311.85 रुपए।

शेष शेयर—1,727

शेष शेयरों का बाजार मूल्य—1,727 × 66.38 = 1,14,638.26

शेष नकद—3,767.33 + 10,288.9 = 51,591.99 रुपए।

19 दिसंबर, 2011 को कुल संपत्ति—नकद 51,591. 99 + शेष 1,727 शेयरों का बाजार मूल्य—1,14,638.26 = 1,66,230.25

गणना में आसानी के लिए मैंने इन उदाहरणों में दलाली को शामिल नहीं किया है।

2 जनवरी, 2012 को

बंद भाव 64.95

200 डी.एम.ए. से –25.68 प्रतिशत नीचे।

पुरानी खरीद पर प्रॉफिट बुक करने का समय।

यहाँ सबसे पुरानी खरीदवाले लॉट में 145 शेयर हैं, जिन्हें उसने 1 जून, 2009 को खरीदा था (एक्सेल की बैलेंस शीट में देखें, चंदू ने 1 जून, 2009 को 145 शेयर 34.54 रुपए में खरीदे थे, जो हमारे विचार से सबसे पुराना लॉट है)।

चंदू ने 145 शेयरों का विक्रय आदेश भर दिया।

आदेशित भाव—64.31 (अंतिम बंद भाव 64.95 – 0.64)। मुझे लगता है कि आपको याद होगा, हम जब भी बंद-बाजार विक्रय आदेश देते हैं तो हमें उसे हमेशा पिछले बंद भाव से 1 प्रतिशत नीचे रखना चाहिए।

अगले कारोबारी दिवस 3 जनवरी, 2012 को चंदू का ऑर्डर निष्पादित हो गया और उसने अपने 145 शेयर बेच दिए।

कुल प्राप्त राशि—145 × 64.31 = 9,324.95 रुपए।

इन 145 शेयरों की मूल धनराशि—145 × 34.54 = 5,008.3 रुपए।

शुद्ध लाभ—9,324.95 – 5,008.3 = 4,316.65 रुपए

शेष शेयर—1,582

शेष शेयरों का बाजार मूल्य—1,582 × 64.31 = 1,01,738.42

शेष नकद—3,767.33 + 9,324.95 = 60,916.94 रुपए।

3 जनवरी, 2012 को कुल संपत्ति—नकद 60,916. 94 + शेष 1,582 शेयरों का बाजार मूल्य—1,01,738.42 = 1,62,655.36

गणना में आसानी के लिए मैंने इन उदाहरणों में दलाली को शामिल नहीं किया है।

❑

चंदू ने 2012 की अस्थिरता का सामना कैसे किया

मुझे पता है कि पाठकों को इस पुस्तक में दी गई गणनाएँ और डाटा पढ़ना उबाऊ लग रहा होगा।

अरविंद के लिए वर्ष 2012 का साल बेहद अस्थिरता भरा रहा। अगर मैं वो सारी गणना इस पुस्तक में दूँ तो यह पुस्तक संभवत: आपको उबाने लगेगी।

अत: इस अध्याय में मैं अस्थिरता के दौरान चंदू के क्रय-विक्रय और प्रॉफिट बुकिंग के बारे में बहुत संक्षेप में बताऊँगा।

सन् 2012 में भावों में इतनी अस्थिरता क्यों आई—बाजार को सब जानता है। इसलिए जब भी कोई बड़ी बात होती है, वह चाहे उस शेयर के लिए अच्छी हो या बुरी, तो उस शेयर के भाव सामान्य से अधिक अस्थिर हो जाते हैं।

अरविंद अपनी डीमर्जर और 400 से ऊपर की ऊँची छलाँगवाली बड़ी यात्रा की तैयारी में था।

इस तैयारी के दौरान आप देख सकते हैं कि अरविंद के भाव अनेक बार 200 डी.एम.ए. से नीचे गिरे, अनेक बार 200 डी.एम.ए. से ऊपर चढ़े; क्योंकि जो निवेशक अपने को 70 से 140 के बीच फँसा हुआ महसूस कर रहे थे, वे हर बार भाव चढ़ने पर बाजार से निकलने का प्रयास करते।

चित्र में देखिए, अरविंद के शेयरों के भाव फिर बढ़े—

चंदू एम.एस. एक्सेल सीट (शेयर जीनियस सॉफ्टवेयर एवं अरविंद लि.)				
दिनांक	बंद कीमत	200 डी.एम.ए.	परिवर्तन	भिन्नता
18 जन., 12	88.25	83.15	5.10	5.78
19 जन., 12	91	83.26	7.74	8.51
20 जन., 12	89.7	83.37	6.33	7.06
23 जन., 12	88.2	83.47	4.73	5.36
24 जन., 12	88.7	83.56	5.14	5.79
25 जन., 12	87.95	83.65	4.30	4.89
27 जन., 12	93.75	83.76	9.99	10.66
30 जन., 12	91.95	83.88	8.07	8.78
31 जन., 12	96.55	84.02	12.53	12.98
1 फर., 12	95.1	84.15	10.95	11.51
2 फर., 12	91.95	84.24	7.71	8.39
3 फर., 12	95.95	84.35	11.60	12.09
6 फर., 12	92.85	84.44	8.41	9.05
7 फर., 12	89.85	84.52	5.33	5.93
8 फर., 12	91.75	84.59	7.16	7.80
9 फर., 12	96.55	84.69	11.86	12.28
10 फर., 12	101.9	84.81	17.09	16.77

अत: अगली तीन खरीद का सारांश इस प्रकार है।

18 जनवरी, 2012 को

बंद भाव 88.25

200 डी.एम.ए. से 5.78 प्रतिशत ऊपर।

यह समय था 5 प्रतिशत नवीन बढ़त के ऑर्डर का।

57 शेयर @89.13 (88.35 + 0.88) का ऑर्डर दिया।

अगले कारोबारी दिवस उसने 19 जनवरी, 2012 को चंदू का ऑर्डर निष्पादित हो गया और उसने 57 शेयर खरीद लिये।

नया निवेश—57 × 89.13 = 5,080.41

19 जनवरी, 2012 को कुल शेयर—1,639

नकद शेष—60,916.94 - 5,88.41 = 55,836.53

गणना में आसानी के लिए मैंने इन उदाहरणों में दलाली को शामिल नहीं किया है।

19 जनवरी, 2012 को

चंदू के पास अरविंद के कुल शेयर—1,639

प्रति शेयर बाजार भाव—89.13

बाजार भाव—1,639 × 89.13 = 1,46,084.07

कुल संपत्ति—नकद 55,836.53 + शेयरों का बाजार मूल्य 1,46,084.07 = 2,01,920.6

27 जनवरी, 2012 को

बंद भाव 93.75

200 डी.एम.ए. से 10.66 प्रतिशत ऊपर।

यह समय था 10 प्रतिशत नवीन बढ़त के ऑर्डर का।

53 शेयर @94.68 (93.75 + 0.93) का ऑर्डर दिया।

अगले कारोबारी दिवस 30 जनवरी, 2012 को चंदू का ऑर्डर निष्पादित हो गया और उसने 53 शेयर खरीद लिये।

नया निवेश—53 × 94.68 = 5,018.04

30 जनवरी, 2012 को कुल शेयर—1,692

नकद शेष—55,836.53 - 5,018.04 = 50,818.49

गणना में आसानी के लिए मैंने इन उदाहरणों में दलाली को शामिल नहीं किया है।

30 जनवरी, 2012 को

चंदू के पास अरविंद के कुल शेयर—1,692

प्रति शेयर बाजार भाव—94.68

बाजार भाव—1692 × 94.68 = 1,60,198.56

कुल संपत्ति—नकद 50,818.49 + शेयरों का बाजार मूल्य 1,60,198.56 = 2,11,017.05

10 फरवरी, 2012 को

बंद भाव 101.9

200 डी.एम.ए. से 16.77 प्रतिशत ऊपर।

यह समय था 15 प्रतिशत नवीन बढ़त के ऑर्डर का।

49 शेयर @102.91 (101.9 + 1.01) का ऑर्डर दिया।

अगले कारोबारी दिवस 13 फरवरी, 2012 को चंदू का ऑर्डर निष्पादित हो गया और उसने 49 शेयर खरीद लिये।

नया निवेश—49 × 102.91 = 5,042.59

13 फरवरी, 2012 को कुल शेयर—1,741

नकद शेष—50,818.49 - 5,042.59 = 45,775.9

गणना में आसानी के लिए मैंने इन उदाहरणों में दलाली को शामिल नहीं किया है।

13 फरवरी, 2012 को

चंदू के पास अरविंद के कुल शेयर—1,741

प्रति शेयर बाजार भाव—102.91

बाजार भाव—1,741 × 102.91 = 1,79,166.31

कुल संपत्ति—नकद 45,775.9 + शेयरों का बाजार मूल्य 1,79,166.31 = 2,24,942.21

24 फरवरी, 2012 से शेयर फिर गिरने लगे। लेकिन चंदू के लिए

दोनों ही परिस्थितियाँ आनंददायक थीं। अगर शेयर के भाव बढ़ते हैं तो वह अपनी होल्डिंग बढ़ा लेगा, जिससे उसकी कुल संपत्ति भी बढ़ जाएगी।

वहीं, अगर शेयर के भाव गिरते हैं तो वह अपनी होल्डिंग को कम करते हुए अपनी पुरानी खरीद पर प्रॉफिट बुकिंग आरंभ कर गिरते बाजार में भी टैक्स-फ्री मुनाफा कमा सकता है।

टैक्स-फ्री का अर्थ है—अगर आप शेयरों को एक साल से पहले बेचते हैं तो भारतीय आय कर कानून के अनुसार, आपको इस मुनाफे पर सीधे 15 प्रतिशत अल्पकालिक पूँजी लाभ कर चुकाना होता है। लेकिन अगर आप इसे एक साल के बाद बेचते हैं तो यह कर-मुक्त हो जाता है।

यहाँ प्रणाली ने अपने आप बिकवाली की सलाह दी और चंदू ने सबसे पुराने खरीदे शेयरों को पहले बेचा। अतः अपनी हर प्रॉफिट बुकिंग में बिकवाली के संकेत पर उनसे दो-तीन साल पुराने शेयर बेच दिए।

इस तरह चंदू को गिरते बाजार में भी कर-मुक्त मुनाफा हासिल हुआ।

उसका अगले बिकवाली चक्र का संक्षिप्त सारांश इस प्रकार है—

चंदू एम.एस. एक्सेल सीट (शेयर जीनियस सॉफ्टवेयर एवं अरविंद लि.)				
दिनांक	बंद कीमत	200 डी.एम.ए.	परिवर्तन	भिन्नता
24 फर., 12	79.65	85.78	-6.13	-7.69
27 फर., 12	80.4	85.82	-5.42	-6.75
28 फर., 12	85	85.88	-0.88	-1.04
29 फर., 12	86.25	85.96	0.29	0.34
1 मार्च, 12	87.3	86.03	1.27	1.46
2 मार्च, 12	88.3	86.10	2.20	2.49
3 मार्च, 12	87.1	86.17	0.93	1.06
5 मार्च, 12	86.45	86.25	0.20	0.23

6 मार्च, 12	82.8	86.31	-3.51	-4.24
7 मार्च, 12	84.2	86.37	-2.17	-2.57
9 मार्च, 12	85.5	86.42	-0.92	-1.07
12 मार्च, 12	84.7	86.44	-1.74	-2.05
13 मार्च, 12	89.05	86.49	2.56	2.87
14 मार्च, 12	86.3	86.54	-0.24	-0.28
15 मार्च, 12	85.6	86.56	-0.96	-1.13
16 मार्च, 12	83	86.58	-3.58	-4.31
19 मार्च, 12	82.25	86.58	-4.33	-5.27

24 फरवरी, 2012 को

बंद भाव 79.65

200 डी.एम.ए. से –7.69 प्रतिशत नीचे।

पुरानी खरीद पर प्रॉफिट बुक करने का समय।

यहाँ सबसे पुरानी खरीदवाले लॉट में 127 शेयर हैं, जिन्हें उसने 18 सितंबर, 2009 को खरीदा था (एक्सेल की बैलेंस शीट में देखें, 18 सितंबर, 2009 को चंदू ने 145 शेयर 39.54 रुपए के भाव पर खरीदे थे, जो हमारे विचार से सबसे पुराना लॉट है)।

चंदू ने 127 शेयरों का विक्रय आदेश भर दिया।

आदेशित भाव—78.86 (अंतिम बंद भाव 79.65 - 0.79)। मुझे लगता है कि आपको याद होगा, हम जब भी बंद-बाजार विक्रय आदेश देते हैं तो हमें उसे हमेशा पिछले बंद भाव से 1 प्रतिशत नीचे रखना चाहिए।

अगले कारोबारी दिवस 27 फरवरी, 2012 को चंदू का ऑर्डर निष्पादित हो गया और उसने अपने 127 शेयर बेच दिए।

कुल प्राप्त राशि—127 × 78.86 = 10,015.22 रुपए।

इन 127 शेयरों की मूल धनराशि—127 × 39.54 = 5,021.58 रुपए।

शुद्ध लाभ—10,015.22 – 5,021.58 = 4,993.64 रुपए।

शेष शेयर—1,614

शेष शेयरों का बाजार मूल्य—1,614 × 78.86 = 1,27,280.04

शेष नकद—3,767.33 + 10,015.22 = 55,791.12 रुपए।

27 फरवरी, 2012 को कुल संपत्ति—नकद 55,791.12 + शेष 1,614 शेयरों का बाजार मूल्य—1,27,280.04 = 1,83,071.16

गणना में आसानी के लिए मैंने इन उदाहरणों में दलाली को शामिल नहीं किया है।

मुझे आशा है कि आपको इस पुस्तक के अध्याय-6 में पहले बताया गया नियम याद होगा। अगर आपको वह याद नहीं है तो मैं उसे यहाँ फिर दोहरा देता हूँ—"जब भी तुम्हारा शेयर 200 डी.एम.ए. के प्रतिशत वेरिएशन में ऋणात्मक (–) से धनात्मक (+) हो तो तुम्हें हर बार इसे आरंभिक बिंदु मानना होगा, यानी कि अगर तुम्हारे शेयर 200 डी.एम.ए. के प्रतिशत वेरिएशन में (–) से सुधार होकर (+) प्रतिशत वेरिएशन में आ जाए, तब आपको अपने लिए एक लॉट खरीद लेना है (अपनी कुल रकम का एक भाग निवेश करना)।"

जब हमें शेयर बेचने हों तो इस नियम का विपरीत नियम लागू होगा और इस नियम का विपरीत नियम है—

"जब भी तुम्हारा शेयर 200 डी.एम.ए. के प्रतिशत वेरिएशन में धनात्मक (+) से ऋणात्मक (–) हो तो तुम्हें हर बार इसे नवीन विक्रय बिंदु मानना होगा, यानी कि अगर तुम्हारे शेयर में 200 डी.एम.ए. के + प्रतिशत वेरिएशन से 200 डी.एम.ए. से –5 प्रतिशत नीचे आए तो आपको अपना एक लॉट बेचना होगा (बेचने की शुरुआत अपने सबसे पुराने खरीदे गए लॉट से करें)।"

उदाहरण के लिए, 24 फरवरी, 2012 को शेयर 200 डी.एम.ए. से –7.69 प्रतिशत नीचे आए। इस गिरावट के समय चंदू ने अपने सबसे पुराने खरीदे शेयर बेच दिए। ऐसा एक बार फिर तब किया गया, जब

शेयरों में 10 प्रतिशत या अधिक की गिरावट आई। लेकिन 29 फरवरी, 2012 को शेयर एक बार फिर चढ़े और 200 डी.एम.ए. से 0.34 प्रतिशत बढ़कर बंद होने से शेयर + प्रतिशत क्षेत्र में प्रवेश कर गया।

अत: शेयर का भाव गिरने पर चंदू –5 प्रतिशत, –10 प्रतिशत, –15 प्रतिशत, –20 प्रतिशत…पाँच के गुणन की हर गिरावट पर सबसे पुराने खरीदे गए शेयर बेच देता।

19 मार्च, 2012 से 26 मार्च, 2012 के बीच भी यही हुआ, जब शेयर 200 डी.एम.ए. से बढ़कर एक बार फिर गिर गए। अत: 26 मार्च, 2012 को चंदू ने एक बार फिर –5 प्रतिशत तथा अधिक बिंदु होने पर बिकवाली आरंभ कर दी।

अगर आपको इसे समझने में कठिनाई हो रही है तो इसका यही मतलब है कि आपने इस पुस्तक को शुरुआत से पृष्ठ-प्रतिपृष्ठ नहीं पढ़ा है। यह सुरक्षित ट्रेडिंग का आसान फॉर्मूला है; लेकिन इसके लिए आपको मेरे उदाहरण को बिंदुवार पढ़ना होगा (इसका एक भी पृष्ठ छोड़ने का मतलब आपका इस पद्धति को समझने का अवसर खो देना है)।

इन उदाहरणों के साथ ही एक्सेल शीट देखने पर आप इसे अपने आप समझ जाएँगे।

19 मार्च, 2012 को

बंद भाव 82.25

200 डी.एम.ए. से –5.27 प्रतिशत नीचे।

पुरानी खरीद पर प्रॉफिट बुक करने का समय।

यहाँ सबसे पुरानी खरीदवाले लॉट में 139 शेयर हैं, जिन्हें उसने 22 मार्च, 2010 को खरीदा था (एक्सेल की बैलेंस शीट में देखें, चंदू ने 22 मार्च, 2010 को 139

शेयर 36.05 रुपए के भाव पर खरीदे थे, जो हमारे विचार से सबसे पुराना लॉट है)।

चंदू ने 139 शेयरों का विक्रय आदेश भर दिया।

आदेशित भाव—81.43 (अंतिम बंद भाव 82.25 - 0.82)। मुझे लगता है कि आपको याद होगा, हम जब भी बंद-बाजार विक्रय आदेश देते हैं तो हमें उसे हमेशा पिछले बंद भाव से 1 प्रतिशत नीचे रखना चाहिए।

अगले कारोबारी दिवस 20 मार्च, 2012 को चंदू का ऑर्डर निष्पादित हो गया और उसने अपने 139 शेयर बेच दिए।

कुल प्राप्त राशि—139 × 81.43 =11,318.77 रुपए।

इन 139 शेयरों की मूल धनराशि—139 × 36.05 = 5,010.95 रुपए

शुद्ध लाभ—11,318.77 - 5,010.95 = 6,307.82 रुपए।

शेष शेयर—1,475

शेष शेयरों का बाजार मूल्य—1,475 × 81.43 = 1,20,109.25

शेष नकद—3,767.33 + 11,318.77 = 67,109.89 रुपए।

20 मार्च, 2012 को कुल संपत्ति—नकद 67,109.89 + शेष 1,475 शेयरों का बाजार मूल्य—1,20,109.25 = 1,87,219.14

गणना में आसानी के लिए मैंने इन उदाहरणों में दलाली को शामिल नहीं किया है।

ऐसा 19 मार्च, 2012 से 26 मार्च, 2012 के बीच हुआ, जब शेयर में 200 डी.एम.ए. से सुधार आया; लेकिन वह एक बार फिर गिर गया। अत: 26 मार्च, 2012 को चंदू ने फिर से –5 प्रतिशत व अधिक बिंदु की गिरावट पर शेयर बेचना आरंभ कर दिया।

26 मार्च, 2012 को

बंद भाव 81.7

200 डी.एम.ए. से –5.95 प्रतिशत नीचे।

पुरानी खरीद पर प्रॉफिट बुक करने का समय।

यहाँ सबसे पुरानी खरीदवाले लॉट में 138 शेयर हैं, जिन्हें उसने 22 अप्रैल, 2010 को खरीदा था (एक्सेल की बैलेंस शीट में देखें, चंदू ने 22 अप्रैल, 2010 को 138 शेयर 36.36 के भाव पर खरीदे थे, जो हमारे विचार से सबसे पुराना लॉट है)। चंदू ने 138 शेयरों का विक्रय आदेश भर दिया।

आदेशित भाव—80.89 (अंतिम बंद भाव 81.7 - 0.81)। मुझे लगता है कि आपको याद होगा, हम जब भी बंद-बाजार विक्रय आदेश देते हैं तो हमें उसे हमेशा पिछले बंद भाव से 1 प्रतिशत नीचे रखना चाहिए।

अगले कारोबारी दिवस 27 मार्च, 2012 को चंदू का ऑर्डर निष्पादित हो गया और उसने अपने 138 शेयर बेच दिए।

कुल प्राप्त राशि—138 × 80.89 = 11,162.82 रुपए।

इन 138 शेयरों की मूल धनराशि—138 × 36.36 = 5,017.68 रुपए।

शुद्ध लाभ—11,162.82 - 5,017.68 = 6,145.14 रुपए।

शेष शेयर—1,337

शेष शेयरों का बाजार मूल्य—1,337 × 80.89 = 1,08,149.93

शेष नकद—3,767.33 + 11,162.82 = 78,272.71 रुपए।

27 मार्च, 2012 को कुल संपत्ति—नकद 78,272.71 + शेष 1,337 शेयरों का बाजार मूल्य = 1,08,149.93 = 1,86,422.64

गणना में आसानी के लिए मैंने इन उदाहरणों में दलाली को शामिल नहीं किया है।

9 मई, 2012 को

बंद भाव 77.1

200 डी.एम.ए. से -12.72 प्रतिशत नीचे।

पुरानी खरीद पर प्रॉफिट बुक करने का समय।

यहाँ सबसे पुरानी खरीदवाले लॉट में 260 शेयर हैं, जिन्हें उसने 6 अगस्त, 2010 और 11 अगस्त, 2010 को खरीदा था (एक्सेल की बैलेंस शीट में देखें, चंदू ने 6 अगस्त, 2010 और 11 अगस्त, 2010 को 260 शेयर 37.52 के भाव पर खरीदे थे, जो हमारे विचार से सबसे पुराना लॉट है)।

चंदू ने 260 शेयरों का विक्रय आदेश भर दिया।

आदेशित भाव—76.33 (अंतिम बंद भाव 77.1 - 0.77)। मुझे लगता है कि आपको याद होगा,हम जब भी बंद-बाजार विक्रय आदेश देते हैं तो हमें उसे हमेशा पिछले बंद भाव से 1 प्रतिशत नीचे रखना चाहिए।

अगले कारोबारी दिवस 10 मई, 2012 को चंदू का ऑर्डर निष्पादित हो गया और उसने अपने 260 शेयर बेच दिए।

कुल प्राप्त राशि—260 × 76.33 = 19,845.8 रुपए।

इन 260 शेयरों की मूल धनराशि—260 × 37.52=9,755.2 रुपए।

शुद्ध लाभ—19,845.8 - 9,755.2 = 10,090.6 रुपए।

शेष शेयर—1,077

शेष शेयरों का बाजार मूल्य—1,077 × 76.33 = 82,207.41

शेष नकद—3,767.33 + 19,845.8 = 98,118.51 रुपए।

10 मई, 2012 को कुल संपत्ति—नकद 98,118.51 + शेष 1,077 शेयरों का बाजार मूल्य—82,207.41 = 1,80,325.92 रुपए

गणना में आसानी के लिए मैंने इन उदाहरणों में दलाली को शामिल नहीं किया है।

14 मई, 2012 को

बंद भाव 74.15

200 डी.एम.ए. से –17 प्रतिशत नीचे।

पुरानी खरीद पर प्रॉफिट बुक करने का समय।

यहाँ सबसे पुरानी खरीदवाले लॉट में 115 शेयर हैं, जिन्हें उसने 18

अगस्त, 2010 को खरीदा था (एक्सेल की बैलेंस शीट में देखें, चंदू ने 18 अगस्त, 2010 को 260 शेयर @ 39.79 रुपए के भाव पर खरीदे थे, जो हमारे विचार से सबसे पुराना लॉट है)।

चंदू ने 115 शेयरों का विक्रय आदेश भर दिया।

आदेशित भाव—73.41 (अंतिम बंद भाव 74.15 - 0.74)। मुझे लगता है कि आपको याद होगा, हम जब भी बंद-बाजार विक्रय आदेश देते हैं तो हमें उसे हमेशा पिछले बंद भाव से 1 प्रतिशत नीचे रखना चाहिए।

अगले कारोबारी दिवस 15 मई, 2012 को चंदू का ऑर्डर निष्पादित हो गया और उसने अपने 115 शेयर बेच दिए।

कुल प्राप्त राशि—115 × 73.41 = 8,442.15 रुपए।

इन 115 शेयरों की मूल धनराशि—115 × 39.79 = 4,575.85 रुपए।

शुद्ध लाभ—8,442.15 - 4,575.85 = 3,866.3 रुपए।

शेष शेयर—962

शेष शेयरों का बाजार मूल्य—962 × 73.41 = 70,620.42 रुपए

शेष नकद—3,767.33 + 8,442.15 = 1,06,560.66 रुपए।

15 मई, 2012 को कुल संपत्ति—नकद 1,06,560.66 + शेष 962 शेयरों का बाजार मूल्य—70,620.42 = 1,77,181.08

गणना में आसानी के लिए मैंने इन उदाहरणों में दलाली को शामिल नहीं किया है।

17 मई, 2012 को

बंद भाव 70.7

200 डी.एम.ए. से -22.41 प्रतिशत नीचे।

पुरानी खरीद पर प्रॉफिट बुक करने का समय।

यहाँ सबसे पुरानी खरीदवाले लॉट में 110 शेयर हैं, जिन्हें उसने

8 सितंबर, 10 को खरीदा था (एक्सेल की बैलेंस शीट में देखें, चंदू ने 8 सितंबर, 2010 को 110 शेयर 43.53 रुपए के भाव पर खरीदे थे, जो हमारे विचार से सबसे पुराना लॉट है)।

चंदू ने 110 शेयरों का विक्रय आदेश भर दिया।

आदेशित भाव—70 (अंतिम बंद भाव 70.7 - 0.7)। मुझे लगता है कि आपको याद होगा कि हम जब भी बंद-बाजार विक्रय आदेश देते हैं तो हमें उसे हमेशा पिछले बंद भाव से 1 प्रतिशत नीचे रखना चाहिए।

अगले कारोबारी दिवस 18 मई, 2012 को चंदू का ऑर्डर निष्पादित हो गया और उसने अपने 110 शेयर बेच दिए।

कुल प्राप्त राशि—110 × 70 = 7,700 रुपए

इन 110 शेयरों की मूल धनराशि—110 × 43.53 = 4,788.3 रुपए।

शुद्ध लाभ—7,700 - 4,788.3 = 2,911.7 रुपए।

शेष शेयर—852

शेष शेयरों का बाजार मूल्य—852 × 70 = 59,640 रुपए।

शेष नकद—3767.33 + 7,700 = 1,14,260.66 रुपए।

18 मई, 2012 को कुल संपत्ति—नकद 1,14,260.66 + शेष 852 शेयरों का बाजार मूल्य—59,640 = 1,73,900.66 रुपए।

गणना में आसानी के लिए मैंने इन उदाहरणों में दलाली को शामिल नहीं किया है।

19 जून, 2012 को

बंद भाव 68.65

200 डी.एम.ए. से –25.6 प्रतिशत नीचे।

पुरानी खरीद पर प्रॉफिट बुक करने का समय।

यहाँ सबसे पुरानी खरीदवाले लॉट में 97 शेयर हैं, जिन्हें उसने 14 अक्तूबर, 2010 को खरीदा था (एक्सेल की बैलेंस शीट में देखें, चंदू ने

14 अक्तूबर, 2010 को 97 शेयर @ 51.76 रुपए के भाव पर खरीदे थे, जो हमारे विचार से सबसे पुराना लॉट है)।

चंदू ने 97 शेयरों का विक्रय आदेश भर दिया।

आदेशित भाव—67.97 (अंतिम बंद भाव 68.65 - 0.68)। मुझे लगता है कि आपको याद होगा कि हम जब भी बंद-बाजार विक्रय आदेश देते हैं तो हमें उसे हमेशा पिछले बंद भाव से 1 प्रतिशत नीचे रखना चाहिए।

अगले कारोबारी दिवस 20 जून, 2012 को चंदू का ऑर्डर निष्पादित हो गया और उसने अपने 97 शेयर बेच दिए।

कुल प्राप्त राशि—97 × 67.97 = 6,593.09 रुपए।

इन 97 शेयरों की मूल धनराशि—97 × 51.76 = 5,020.72 रुपए।

शुद्ध लाभ—6,593.09 - 5,020.72 = 1,572.37 रुपए।

शेष शेयर—755

शेष शेयरों का बाजार मूल्य—755 × 67.97 = 5,1317.35 रुपए।

शेष नकद—3,767.33 + 6,593.09 = 1,20,853.75 रुपए।

20 जून, 2012 को कुल संपत्ति—नकद 1,20,853.75 + शेष 755 शेयरों का बाजार मूल्य—51,317.35 = 17,2171.1 रुपए।

गणना में आसानी के लिए मैंने इन उदाहरणों में दलाली को शामिल नहीं किया है।

29 अगस्त, 2012 को

बंद भाव 60.75

200 डी.एम.ए. से -31.35 प्रतिशत नीचे।

पुरानी खरीद पर प्रॉफिट बुक करने का समय।

यहाँ सबसे पुरानी खरीदवाले लॉट में 89 शेयर हैं, जिन्हें उसने 20 अक्तूबर, 2010 को खरीदा था (एक्सेल की बैलेंस शीट में देखें, चंदू ने 20 अक्तूबर, 2010 को 89 शेयर 56.56 रुपए के भाव पर खरीदे थे, जो

हमारे विचार से सबसे पुराना लॉट है)।

चंदू ने 89 शेयरों का विक्रय आदेश भर दिया।

आदेशित भाव—60.15 (अंतिम बंद भाव 60.75 - 0.6)। मुझे लगता है कि आपको याद होगा, हम जब भी बंद-बाजार विक्रय आदेश देते हैं तो हमें उसे हमेशा पिछले बंद भाव से 1 प्रतिशत नीचे रखना चाहिए।

अगले कारोबारी दिवस 30 जून, 2012 को चंदू का ऑर्डर निष्पादित हो गया और उसने अपने 89 शेयर बेच दिए।

कुल प्राप्त राशि—89 × 60.15 = 5,353.35 रुपए।

इन 89 शेयरों की मूल धनराशि—89 × 56.56 = 5,033.84 रुपए।

शुद्ध लाभ—5,353.35 - 5,033.84 = 319.51 रुपए।

शेष शेयर—666

शेष शेयरों का बाजार मूल्य—666 × 60.15 = 40,059.9 रुपए।

शेष नकद—3,767.33 + 5,353.35 = 1,26,207.1 रुपए।

30 अगस्त, 2012 को कुल संपत्ति—नकद 1,26,207.1 + शेष 666 शेयरों का बाजार मूल्य—40,059.9 = 1,66,267 रुपए

गणना में आसानी के लिए मैंने इन उदाहरणों में दलाली को शामिल नहीं किया है।

अगले अध्याय में हम चंदू के लाभांश और बचत खाते के नकद पर ब्याज में मिले लाभ के बारे में जानेंगे।

❑

चंदू का पहला लाभांश

अरविंद लि. ने 13 सितंबर, 2012 को 1 रुपए प्रति शेयर लाभांश की घोषणा की। चंदू के पास 13 सितंबर, 2012 को 666 शेयर थे, इसलिए उसे पहली लाभांश आय के तौर पर 666 रुपए मिले। इस लाभांश के पश्चात् चंदू की कुल नकद होल्डिंग 1,26,873.10 रुपए हो गई।

अतः चंदू की अरविंद के 666 शेयर की होल्डिंग की कीमत शून्य हो गई; क्योंकि उसने अपने निवेश की शुरुआत 1,00,000 रुपए से की थी। उसके 68,347.40 रुपए की प्रॉफिट बुकिंग और बचत खाते में संचित नकद के बाद अब उसके पास 666 शेयर और 1,26,873.10 रुपए नकद थे।

चंदू बैलेश शीट 19 सितंबर, 2005 से						
दिनांक	खरीद	दर @	कुल निवेश	बचत ब्याज	लाभांश लाभ	नगद राशि भिन्नता
13 सितं., 12	-	-	-	-	666	126873.1
19 सितं., 12	-	-	-	2270.56	-	129143.66

अगर चिंकी के पास अभी भी शुरुआत में खरीदे 710 शेयर मौजूद होते तो 13 सितंबर, 2012 को अरविंद लि. का भाव मात्र 70.10 होने के बाद अगर वे शेयर अभी भी उसके पास होते तो संभवतः वह अभी भी

50,000 रुपए के नुकसान में होती।

चंदू और चिंकी के शुरुआती निवेश की सातवीं सालगिरह पर चंदू को 2,270.56 रुपए मिले, जो उसके बचत खाते में जमा नकद का ब्याज था।

अब चंदू के पास कुल नकद 1,29,143.66 रुपए थे और वह इंतजार में था कि कब उसका शेयरजीनियस सॉफ्टवेयर अरविंद लि. के शेयरों की अगली लिवाली-बिकवाली का संकेत करता है।

अब आप मेरी पद्धति को पूरी तरह सीख चुके हैं। इसलिए मुझे पुस्तक में प्रत्येक लिवाली-बिकवाली का संक्षिप्त विवरण देने की आवश्यकता नहीं है।

मेरी गूगल ड्राइव से डाउनलोड की गई एक्सेल शीट में आप देख सकते हैं कि इस शीट में मैंने चंदू की लिवाली-बिकवाली के विवरण के साथ ही उसकी आगामी लिवाली-बिकवाली के विवरण के साथ ही पूरी बैलेंस शीट दी है। इस एक्सेल शीट में सीधे 26 मार्च, 2013 को देखें, जहाँ चंदू ने सॉफ्टवेयर के संकेत के बाद छोटे नुकसान में बिकवाली की है।

लेकिन जैसा कि मैंने पहले बताया, ये छोटे नुकसान दरअसल नुकसान नहीं हैं; क्योंकि इससे चंदू की नकद धनराशि में वृद्धि हुई और इस नकद पर चंदू को बचत खाते में ब्याज हासिल हुआ। इस बड़ी मात्रा में नकद पर चंदू को बचत खाते पर 4 प्रतिशत ब्याज के रूप में 4,520 रुपए मिले। अतः ब्याज द्वारा इस छोटे नुकसान की आसानी से भरपाई हो गई।

शेयरों के भाव बढ़ना जारी रहने पर भी सॉफ्टवेयर ने बिकवाली के संकेत क्यों दिए। मैंने यह फॉर्मूला सिर्फ अरविंद लि. के लिए ही नहीं बनाया है। यह फॉर्मूला शेयर बाजार के सभी अच्छे शेयरों पर काम करेगा।

अगर इस बिंदु पर अरविंद के भाव नहीं बढ़ते तो यह प्रॉफिट बुकिंग नुकसान से बचाने के साथ ही आपके भविष्य में मुनाफे को सुनिश्चित कर देती।

इस शीट पर आपको एक और दिलचस्प बात यह दिखाई देगी कि 26 मार्च, 2013, 1 अप्रैल, 13 और 25 अप्रैल, 2013 को चंदू ने भले ही लॉस बुक किया हो, लेकिन उसकी कुल संपत्ति में इजाफा हुआ है।

कुल संपत्ति बढ़ने के दो कारण—

शेष शेयरों की बदौलत शेयरों के भाव बढ़ने पर यह आपकी कुल संपत्ति बढ़ाने के लिए पर्याप्त है। दूसरा कारण यह कि हमने नफे-नुकसान की गणना में सबसे पुराने खरीदे लॉट का ध्यान रखा है। लेकिन अगर हम नफे-नुकसान की गणना में औसत लिवाली भाव पर ध्यान दें तो आप देखेंगे कि वर्ष 2013 का यह लॉस बुकिंग वस्तुतः प्रॉफिट बुकिंग ही है।

❑

अरविंद लि. का डीमर्जर

मेरी गूगल ड्राइव से डाउनलोड की गई एक्सेल शीट को देखिए। इस शीट में मैंने चंदू के लिवाली-बिकवाली विवरण के साथ ही उसके आगामी लिवाली-बिकवाली विवरण की भी पूरी बैलेंस शीट दी है। इस शीट में 28 मई, 2015 तक देखें, क्योंकि 28 मई, 2015 को अरविंद लि. विभाजित होकर दो अलग कंपनियाँ बन गईं। एक, अरविंद लि. और दूसरी अरविंद इन्फ्रास्ट्रक्चर लि. (वर्तमान में अरविंद स्मार्टस्पेस लि.)।

चंदू को अरविंद इन्फ्रा के 44 शेयर मिले, क्योंकि 28 मई, 2015 को उसके पास अरविंद लि. के 440 शेयर थे और 10:1 के स्वैप अनुपात से उसे 44 शेयर मिले।

उसने इन्हें 12 फरवरी, 2016 को 77.1 के भाव पर बेच दिया, क्योंकि उस दौरान अरविंद के शेयर एक बार फिर बिकवाली का संकेत दे रहे थे।

अरविंद लि. और अरविंद इंफ्रा—दोनों की एक-दूसरे में साझेदारी थी। इसलिए जब इस गिरावट की शुरुआत हुई तो चंदू ने 12 फरवरी को 77.10 रुपए के बंद भाव पर अरविंद इन्फ्रा के 44 शेयर बेच दिए।

यह मेरी ईमानदारी का एक और सबूत है, क्योंकि अरविंद इन्फ्रा 15 जनवरी, 2016 को 188 के शीर्ष भाव पर था; लेकिन मैंने यह नहीं दिखाया कि चंदू ने अपने शेयर 118 रुपए के भाव पर बेचे हों, क्योंकि संकेत मिले बिना शेयर बेचना अतार्किक है।

❑

अपना निवेश कैसे बढ़ाएँ?

जब आपका संचित नकद आपकी मूल राशि से अधिक हो जाए तो आपको इस नियम के तहत अपने लॉट का आकार बढ़ा लेना चाहिए—

मूल लॉट आकार—5,000 रुपए।

मूल निवेश—1,00,000 रुपए।

यदि आपकी नकद धनराशि 1,00,000 से 2,00,000 रुपए के बीच हो जाए तो अपने मूल लॉट आकार को दोगुना कर दीजिए, यानी अगर आपके पास 100,000 रुपए से अधिक नकद है तो एक बार में 10,000 रुपए निवेश कीजिए।

अगर आपकी नकद राशि 2,00,000 से 3,00,000 हो जाती है तो इसे और बढ़ा दीजिए और एक बार में 15,000 रुपए निवेश कीजिए। अर्थात् जब भी आपका नकद आपकी मूल निवेश राशि से अधिक हो जाए तो अपनी आंशिक निवेश राशि को दोगुना कर दीजिए।

अगर आपकी मूल निवेश राशि दोगुनी से भी अधिक हो जाए तो अपनी आंशिक निवेश राशि को तिगुना कर दीजिए। उदाहरण के लिए—

100,000 से शुरुआत करते हैं।

100,000 से कम नकद होने पर एक बार में 5,000 रुपए निवेश कीजिए।

100,000 से 200,000 लाख के बीच नकद होने पर एक बार में 10,000 रुपए निवेश कीजिए।

200,000 लाख से 300,000 लाख के बीच नकद होने पर एक बार में 15,000 रुपए निवेश कीजिए।

300,000 लाख से 400,000 लाख के बीच नकद होने पर एक बार में 20,000 रुपए निवेश कीजिए।

क्योंकि नकद बढ़ने के साथ ही आपकी जोखिम लेने की क्षमता भी बढ़ जाती है।

चंदू की 8 जुलाई, 2015 की लिवाली देखिए, जहाँ उसके पास कुल नकद 2,40,440.80 रुपए हैं, जिस कारण 8 जुलाई को उसने 15,000 रुपए निवेश किए।

❑

कहानी का खुशनुमा अंत

अपनी एक्सेल शीट का अंतिम पृष्ठ देखिए। 15 नवंबर, 2016 को चंदू के पास कुल नकद 1,54,851.40 रुपए है और मेरी प्रणाली के चलते उसके पास अरविंद के 558 शेयर भी हैं।

इन 558 शेयरों का बाजार मूल्य 1,87,156 रुपए है और चंदू की कुल संपत्ति 3,42,007.40 रुपए है।

कुछ पाठक यह प्रश्न पूछ सकते हैं कि अगर चिंकी के पास अभी भी उसके 710 शेयर होते तो वह जीतती या नहीं?

शेयरों के भाव 140 से 12 तक गिरते देखने के बाद उन्हें ग्यारह साल के लंबे समय तक अपने पास रखना बहुत मुश्किल होता है।

लेकिन अगर चिंकी वॉरेन बफे की तरह उन्हें अपने पास रखती तो उसकी अनुमानित बैलेंस शीट कुछ इस तरह की होती।

अगर चिंकी अभी भी अपने 710 शेयरों को बाजार मूल्य रखती है					233945
अरविंद स्मार्ट स्पेस का बाजार मूल्य					6840.85
			लाभांश	1.65	1171.5
			लाभांश	2.35	1668.5
			लाभांश	2.55	1810.5
			लाभांश	2.4	1704
	लाभांश नकद पर ब्याज				600.66
					247741.01

अगर चिंकी के पास अभी भी उसके 710 शेयर होते तो सभी लाभांश, डीमर्जर और ब्याज के बाद चिंकी के पास 2,47,741 रुपए होते; जबकि चंदू की कुल संपत्ति 3,42,007.40 है।

चंदू ने 2,42,007.40 रुपए ऐसे शेयर से कमाए थे, जो वर्ष 2005 से 2011 तक अच्छा प्रदर्शन नहीं कर सका था।

अब चंदू ने अपने सारे शेयर बेच दिए और बदले में उसे 3,42,007 रुपए प्राप्त हुए। उसने इनमें से 2,42,000 रुपए शेयर बाजार में नुकसान उठा चुकी अपनी सबसे अच्छी दोस्त चिंकी को दे दिए।

चंदू ने 2,42,000 रुपए चिंकी को इसलिए दिए, क्योंकि अगर चिंकी ने वह सपना नहीं देखा होता तो वो इस ट्रेडिंग प्रणाली को कभी नहीं सीख पाता।

वैसे भी, चिंकी चंदू की मंगेतर थी।

अब चंदू ने पुनः इसी प्रणाली के माध्यम से अपने शेष 1 लाख रुपए कंट्री क्लब हॉस्पिटैलिटी एंड हॉलीडेज लि. के शेयरों में लगा दिए।

चिंकी ने इसी प्रणाली द्वारा विजया बैंक के शेयरों से शुरुआत की।

वे दोनों मेरे पास आए और मुझे अपनी यह कहानी सुनाई और मैंने इसे पुस्तक के रूप में आप सबके लिए लिख दिया।

मैंने उन्हें यह भी सलाह दी कि अपने सारे पैसे बचत खाते में रखने की जगह 20,000 रुपए रखकर बाकी 80,000 रुपए एच.डी.एफ.सी. टॉप 200 ग्रोथ फंड में निवेश करें। इससे एक तो उस धन का उपयोग हो जाएगा और अगर बिकवाली के संकेत नहीं मिलते तो वे म्युचुअल फंड यूनिटों को बेचकर फिर से नकद एकत्रित कर सकते हैं।

इस पद्धति द्वारा वे अपने पूरे पैसे को बाजार में निवेशित करते हुए अपनी नकद राशि पर बचत खाते के ब्याज से अधिक कमाई कर सकते हैं।

म्युचुअल फंड से टैक्स-फ्री नकद प्राप्त करने संबंधी अधिक विवरण को जानने के लिए इस लिंक पर जाएँ—

http://mutualfundgenius.maheshkaushik.co
m/2016/03/equity-mutual-funds-that-paymonthly.
html

स्पष्टीकरण—मैंने इसी प्रणाली की मदद से कंट्री क्लब के शेयर लिये हैं और मेरी पत्नी (श्रीमती सीमा कौशिक, न कि चिंकी) ने भी इसी प्रणाली की मदद से विजया बैंक के शेयर लिये हैं।

❑

अधिकतर पूछे जानेवाले प्रश्न

मैं अपनी पुस्तक के दूसरे संस्करण में यह अध्याय इसलिए जोड़ रहा हूँ, क्योंकि पुस्तक के पहले संस्करण को पढ़ने के बाद मेरे कुछ फॉलोवर्स ने मुझसे बहुत तरह के प्रश्न पूछे। यहाँ वे सभी प्रश्न और उनके उत्तर मौजूद हैं।

प्रश्न 1—आपकी पुस्तक के अध्याय 11 में आपने लिखा है कि 'अगर आप रोजाना अपने एक्सेल सॉफ्टवेयर पर 5 मिनट देने के लिए तैयार हैं तो यह पुस्तक आपके मन को प्रकाशित कर देगी और आनेवाले दस सालों में आपको करोड़पति बनने से कोई नहीं रोक सकता।' आपने इस अध्याय में 'करोड़पति' शब्द का प्रयोग क्यों किया है? मैंने पूरी पुस्तक पढ़ी है और चंदू ने 1,00,000 रुपए से निवेश आरंभ किया और केवल 2,42,007.40 रुपए कमाए। तो फिर आपने 'करोड़पति' शब्द का प्रयोग क्यों किया?

उत्तर 1—प्रश्न पूछने के लिए धन्यवाद। मेरे उदाहरण में यह चंदू के बचत खाते में मौजूद नकद राशि थी। पूरी पुस्तक पढ़ने पर अंतिम पृष्ठों में आपको पता चलेगा कि मैंने 80 प्रतिशत नकद को म्युचुअल फंड यूनिट में निवेश करने और शेष 20 प्रतिशत को नकद के रूप में रखने की सलाह दी है। इस तरह आप म्युचुअल फंड यूनिट को बेचकर पुनः नकद प्राप्त कर सकते हैं और साथ ही आपको बचत खाते के 4 प्रतिशत रिटर्न की जगह 12 प्रतिशत रिटर्न प्राप्त होगा।

दूसरी बात, मैं एक ईमानदार व्यक्ति हूँ, इसलिए मैंने अपनी पुस्तक में अरविंद के शेयरों को चुना है, जो 140 से 12 तक गिरे और फिर 12 से 400 तक चढ़े। अरविंद के शेयरों ने वर्ष 2005 से 2014 के बीच अच्छा प्रदर्शन नहीं किया और वर्ष 2005 से 2014 के बीच इसमें 140 के भाव जैसा सुधार कभी नहीं आया।

वर्ष 2005 से 2014 के इन प्रारंभिक नौ वर्षों में जहाँ लोग केवल अपना मूल निवेशित धन ही निकाल सके, ऐसे खराब हालात में भी चंदू ने लाभ कमाया।

यदि आप म्युचुअल फंड में नकद निवेश करने के साथ ही इस फॉर्मूले को ऐसा ही प्रदर्शन करनेवाले पाँच और शेयरों पर उपयोग करने पर आप इससे प्राप्त परिणामों को देखकर चकित रह जाएँगे।

उदाहरण के लिए, सेरा सैनिटरी, बटरफ्लाई, गांधीमती अप्लाइंसेज, बाटा इंडिया, अमारा राजा बैट्रीज, गुडईयर इंडिया, सन फार्मा आदि के पिछले दस साल का भाव इतिहास डाउनलोड कीजिए। मेरे फॉर्मूले से उपर्युक्त छह में से किन्हीं शेयरों में 5 लाख रुपए से शुरुआत करें और साथ ही म्युचुअल फंड में भी नकद निवेश करें तो आप 1 करोड़ का आँकड़ा छू सकते हैं।

प्रश्न 2—अगर मैं तीन शेयरों में आपका तरीका इस्तेमाल करना चाहूँ तो मुझे इसके लिए 3,00,000 रुपए की जरूरत होगी; लेकिन मेरे पास तो सिर्फ 2,00,000 रुपए हैं। अब मैं क्या करूँ?

उत्तर 2—सभी शेयरों में एक साथ उतार-चढ़ाव नहीं आता। इसलिए 200,000 रुपए में से आप 20 प्रतिशत राशि को बतौर नकद होल्डिंग रख सकते हैं।

इसका मतलब होगा कि आप 40,000 रुपए नकद के रूप में रखें और शेष 1,60,000 को किसी भी अच्छे म्युचुअल फंड में निवेशित करें। अब 5,000-5,000-5,000 करके इन्हें तीन शेयरों में निवेशित कर दें और अगर फॉर्मूला संकेत करे तो शेष नकद का उपयोग आगामी लिवाली

में करें। इसके साथ ही म्युचुअल फंड यूनिट बेचकर अपने नकद को परिपूर्ण रखना न भूलें।

अगर आपको शेयर बेचने से नकद प्राप्त है तो इस अतिरिक्त नकद को पुनः म्युचुअल फंड में निवेशित कर दें।

प्रश्न 3—मैं व्यापारी हूँ, इसलिए मैं दस साल जितनी लंबी अवधि के लिए निवेश नहीं करना चाहता। मैं आपकी प्रणाली का अपनी शॉर्ट टर्म ट्रेडिंग में किस तरह उपयोग कर सकता हूँ?

उत्तर 3—इस पुस्तक का अगले अध्याय में पढ़कर आप समझ जाएँगे कि मेरी इस नई पद्धति का नियमित ट्रेडिंग में किस तरह उपयोग किया जा सकता है।

❑

इस प्रणाली का नियमित ट्रेडिंग में कैसे उपयोग करें?

इस पुस्तक को समाप्त करने से पहले मैं आपका ध्यान स्टीव जॉब्स (एप्पल इंकॉ. के सह-संस्थापक, चेयरमैन व मुख्य कार्यकारी अधिकारी) के एक उद्धरण की ओर आकर्षित करना चाहता हूँ।

स्टीव जॉब्स के शब्द थे—"बड़े होते समय आपको अकसर बताया जाता है कि दुनिया जैसी है वैसी ही रहेगी और तुम्हारा जीवन केवल इस संसार में अपना जीवन बिताना भर है। इसलिए अधिक प्रयास मत करो। अपना छोटा सा परिवार बनाने का प्रयास करो, आनंद मनाओ और थोड़ा पैसा बचाओ। लेकिन यह बेहद सीमित जीवन है।

"जब आप यह छोटी सी बात समझ जाते हैं तो जीवन बेहद विस्तार पा जाता है। आप अपने आसपास मौजूद जिस भी चीज को जीवन कहते हैं, वह ऐसे लोगों की बनाई है, जो आप जितने ही बुद्धिमान थे—और आप इन्हें बदल सकते हैं, आप इन्हें प्रभावित कर सकते हैं; आप ऐसी चीजों का निर्माण कर सकते हैं, जिन्हें अन्य लोग इस्तेमाल कर सकें।

"यह समझ जाने पर आप पहले जैसे नहीं रह जाते।"

मेरे कहने का यह मतलब है कि मैं आपसे ज्यादा बुद्धिमान नहीं हूँ, क्योंकि केवल समझदार लोग, जो सचमुच यह सीखना चाहते हैं कि

शेयर बाजार से पैसे किस तरह कमाए जा सकते हैं, इस पृष्ठ तक पहुँच सकेंगे, बाकी सब तो शीघ्रतापूर्वक कुछ शुरुआती पृष्ठों को पढ़ेंगे और फिर पढ़ना बंद कर देंगे।

इसलिए, अगर आप सचमुच पूरी पुस्तक पढ़ने के बाद इन अंतिम पृष्ठों तक पहुँचे हैं तो आप उन्हीं बुद्धिमान लोगों में से हैं, जिनके बारे में स्टीव जॉब्स ने कहा था, 'आप अपने आसपास मौजूद जिस भी चीज को जीवन कहते हैं, ऐसे लोगों की बनाई है, जो आप जितने ही बुद्धिमान थे—और आप इन्हें बदल सकते हैं, आप इन्हें प्रभावित कर सकते हैं; आप ऐसी चीजों का निर्माण कर सकते हैं, जिन्हें अन्य लोग इस्तेमाल कर सकें।'

अर्थात् आप मेरी प्रणाली में अपनी जरूरत के हिसाब से बदलाव कर सकते हैं।

उदाहरण के लिए, अगर आप इस प्रणाली का उपयोग अपनी रोजमर्रा की शेयर मार्केट ट्रेडिंग में करना चाहते हैं तो यह प्रणाली आपके सोने की खान साबित होगी।

इस प्रणाली का ट्रेडिंग में कैसे उपयोग करें?

अरविंद लि. के उदाहरण में आपने देखा होगा कि अरविंद लि. बहुत बार चढ़ा व बढ़ा और अधिकांशतः जब भी यह अपने 200 डी.एम.ए. से अधिक हुआ तो इसकी अधिकतम वृद्धि 30 प्रतिशत, 35 प्रतिशत या 40 प्रतिशत तक ही पहुँच सका और बीते दस वर्षों में यह शेयर कभी भी 50 प्रतिशत से ज्यादा नहीं बढ़ा।

अरविंद के भाव 12 से 400 तक पहुँचे, लेकिन बीते दस वर्षों में इस शेयर में 200 डी.एम.ए. से 50 प्रतिशत अधिक की वृद्धि कभी नहीं हुई।

क्यों?

मेरे पास इसका उत्तर है।

अधिकांश शेयर कभी भी 200 डी.एम.ए. से 50 प्रतिशत से

अधिक वृद्धि नहीं कर पाते; क्योंकि शेयर के भाव बढ़ने के साथ ही 200 डी.एम.ए. भी दिन-प्रतिदिन बढ़ता जाता है और जब शेयर का भाव गिरता है, 200 डी.एम.ए. भी दिन-प्रतिदिन गिरता जाता है।

तो होता यह है कि शेयर के 200 डी.एम.ए. से 5 प्रतिशत अधिक होने पर एक बार में 50,000 रुपए निवेशित कर देने पर आप 200 डी.एम.ए. से 15 प्रतिशत, 20 प्रतिशत, 25 प्रतिशत, 30 प्रतिशत और 35 प्रतिशत की बढ़त का आंशिक लाभ पहले ही बुक कर देते हैं।

इसका मतलब, जब भी कोई शेयर (-) प्रतिशत वेरिएशन से चढ़कर 200 डी.एम.ए. से +5 प्रतिशत पर बंद होगा तो आप उस शेयर में एकमुश्त 50,000 रुपए निवेशित कर देंगे।

अब अपने कुल शेयरों को पाँच हिस्सों में बाँट दें और जब शेयर 200 डी.एम.ए. से 15 प्रतिशत बढ़ जाए तो उस समय अपने होल्डिंग में से 1/5 हिस्सा बेच दें।

इसके बाद शेयर के 200 डी.एम.ए. से 20 प्रतिशत अधिक हो जाने पर अगला 1/5 हिस्सा बेच दें।

इसके बाद शेयर के 200 डी.एम.ए. से 25 प्रतिशत अधिक हो जाने पर अगला 1/5 हिस्सा बेच दें।

इसके बाद शेयर के 200 डी.एम.ए. से 30 प्रतिशत अधिक हो जाने पर अगला 1/5 हिस्सा बेच दें।

इसके बाद शेयर के 200 डी.एम.ए. से 35 प्रतिशत अधिक हो जाने पर अगला 1/5 हिस्सा बेच दें।

अगर शेयर 5 प्रतिशत चढ़ने के बाद फिर से गिरने लगे तो क्या करें?

इसे अपनी अरविंद लि. की डाटा शीट पर देखें। मान लीजिए, 22 मार्च, 2010 को आपने अरविंद लि. में एकमुश्त 50,000 रुपए इसलिए निवेशित कर दिए, क्योंकि 19 मार्च, 2010 को यह शेयर 200 डी.एम.ए. से 5.29 प्रतिशत अधिक पर बंद हुआ था।

मान लीजिए, 22 मार्च, 2010 को आपने अरविंद के 1,387 शेयर 36.05 रुपए के भाव पर खरीद लिये।

दुर्भाग्यवश, आपके खरीदने के बाद शेयर फिर से गिरने लगे। अब ऐसी परिस्थिति में हमारा स्टॉप लॉस क्या होगा?

हमें अपने स्टॉप लॉस को भी पाँच हिस्सों में विभाजित करना होगा।

इसका मतलब जब भी शेयर 200 डी.एम.ए. से (–) 5 प्रतिशत पर बंद हो, हम अपनी होल्डिंग का 1/5 हिस्सा बेच दें। तत्पश्चात् 200 डी.एम.ए. से (–) 10 प्रतिशत कम होने पर हम अगला 1/5 हिस्सा बेच देंगे।

200 डी.एम.ए. से प्रत्येक 5 प्रतिशत की गिरावट अर्थात् –5 प्रतिशत, –10 प्रतिशत, –15 प्रतिशत, –20 प्रतिशत और –25 प्रतिशत के स्तर पर हम अपनी होल्डिंग का 1/5, 1/5, 1/5, 1/5 और 1/5 हिस्सा बेच देंगे।

इस तरह वर्ष 2010 में बाजार की इस गिरावट के दौरान आप 7 मई, 2010, 21 मई, 2010 और 25 मई, 2010 को अपनी 60 प्रतिशत होल्डिंग (1/5 के तीन हिस्से) की बिकवाली कर लॉस बुक (लगभग 4,000 रुपए) कर चुके होंगे।

अब आपके पास आपके 40 प्रतिशत शेयर (556 शेयर) और नकद (26,057.40 रुपए) बाकी बचे होंगे।

5 अगस्त को शेयर फिर 200 डी.एम.ए. से 5 प्रतिशत अधिक पर बंद होते हैं। इसलिए हमने यहाँ 26,057.40 रुपए निवेशित करते हुए 694 शेयर फिर से खरीद लिये।

अब हमारे पास कुल 556 + 694 = 1,250 शेयर हैं। इस गिरावट से हमें 137 शेयरों का नुकसान हुआ।

इसके बाद आप देखते हैं कि शेयर 200 डी.एम.ए. से 40 प्रतिशत बढ़ जाता है और आप 200 डी.एम.ए. से प्रत्येक 5 प्रतिशत बढ़त पर इन 1,250 शेयरों में से 1/5 हिस्सा बेच देते हैं।

इसका मतलब की हमने प्रत्येक 5 प्रतिशत बढ़त पर आंशिक लाभ बुक करते हुए 200 डी.एम.ए. से 15 प्रतिशत, 20 प्रतिशत, 25 प्रतिशत, 30 प्रतिशत, और 35 प्रतिशत की बढ़त पर 250-250-250-250 और 250 शेयर बेचने होंगे।

इससे न केवल हम अपने 4,000 रुपए के नुकसान की भरपाई कर लेंगे, बल्कि इससे हमें लगभग 13,000 रुपए का अच्छा मुनाफा भी होगा।

अब आप इस उदाहरण को अपनी अरविंद की संपूर्ण शीट पर लागू करके देखिए। आप हैरान रह जाएँगे कि आपको कई बार अच्छा मुनाफा हुआ होगा।

❑

आपका होमवर्क

स्कूल में पढ़ते समय शिक्षक आपको होमवर्क दिया करते थे। किसी भी कौशल को सीखने के लिए अभ्यास करना बहुत आवश्यक है।

इस पुस्तक में मैंने आपको वह कौशल सिखाया है, जिससे आप किसी भी शेयर में निवेश व ट्रेडिंग के उद्देश्य से प्रवेश व निकास बिंदुओं को पहचान सकते हैं। लेकिन इस कौशल को पूरी तरह से सीखने के लिए आपको और अधिक अभ्यास करने की आवश्यकता है।

इसके लिए यह रहा आपका होमवर्क।

अपनी पसंद के किन्हीं भी पाँच शेयरों का पिछले तीन वर्षों का भाव डाटा डाउनलोड कर लें।

अब इन पाँच शेयरों पर अध्याय 26 के सिद्धांतों को लागू करें।

अर्थात् शेयर के (–) प्रतिशत से +5 प्रतिशत बढ़ने पर एकमुश्त काल्पनिक राशि 50,000 रुपए का काल्पनिक निवेश करें।

तत्पश्चात् 15 प्रतिशत वृद्धि के बाद बेचना आरंभ कर दें। शेयर के 200 डी.एम.ए. से + 15 प्रतिशत बढ़ने पर 20 प्रतिशत शेयर बेच दें। जब शेयर 200 डी.एम.ए. से +20 प्रतिशत बढ़े तो अगले 20 प्रतिशत शेयर और बेच दें।

इसका मतलब कि 200 डी.एम.ए. से 15 प्रतिशत, 20 प्रतिशत, 25 प्रतिशत, 30 प्रतिशत, और 35 प्रतिशत बढ़ने पर आंशिक प्रॉफिट बुक

कर लें और स्टॉप लॉस के लिए 200 डी.एम.ए. से प्रत्येक –5 प्रतिशत, –10 प्रतिशत, –15 प्रतिशत, –20 प्रतिशत और –25 प्रतिशत गिरावट पर अपना 1/5 हिस्सा या अपनी होल्डिंग का 20 प्रतिशत बेच दें।

ऐसा करने से आपको क्या फायदा होगा?

अपने परिणाम मुझे इ–मेल न करें, क्योंकि मेरे 15,000 से भी अधिक फॉलोवर्स हैं। इसलिए मैं न तो आपकी शीट देख पाऊँगा और न ही सभी इ–मेल के उत्तर दे सकूँगा।

इसलिए अमेजन की वेबसाइट पर अपने परिणामों को संक्षेप में साझा करें।

आपने इस पुस्तक से क्या सीखा?

आपने अपने होमवर्क में क्या पाया?

क्या आप इस प्रणाली का अपने निवेश व ट्रेडिंग में उपयोग करेंगे?

मैं अमेजन पर आपकी समीक्षाओं की प्रतीक्षा करूँगा।

अगर आपको यह कहानी पसंद आई हो तो कृपया अमेजन की वेबसाइट पर मेरी पुस्तक की समीक्षा लिखना न भूलें, क्योंकि आपकी समीक्षाओं से ही मुझे कार्य करने की ऊर्जा प्राप्त होती है।

आपको शुभकामनाएँ। मैं आपकी समीक्षा की प्रतीक्षा कर रहा हूँ।